정주진의

평화 특강

정주진의 평화 특강

제1판 제1쇄 발행일 2019년 11월 13일
제1판 제3쇄 발행일 2024년 9월 17일

글 _ 정주진
기획 _ 책도둑 (박정훈, 박정식, 김민호)
디자인 _ 채홍디자인
펴낸이 _ 김은지
펴낸곳 _ 철수와영희
등록번호 _ 제319-2005-42호
주소 _ 서울시 마포구 월드컵로 65, 302호 (망원동, 양경회관)
전화 _ (02) 332-0815
팩스 _ (02) 6003-1958
전자우편 _ chulsu815@hanmail.net

ISBN 979-11-88215-36-2 43300

철수와영희 출판사는 '어린이' 철수와 영희, '어른' 철수와 영희에게
도움 되는 책을 펴내기 위해 노력합니다.

정주진의
평화 특강

가짜뉴스, 난민, 국가 폭력, 민족주의,
환경으로 살펴본 평화 이야기

철수와영희

머리말

함께 사는 평화로운 세상에 대한 상상과 실천

저는 평화학자입니다. 평화학자는 '평화'를 연구하는 사람입니다. 구체적으로는 평화로운 세상을 위해 사회 환경을 어떻게 바꾸고 새로 만들지 전문적으로 고민하는 사람입니다. 항상 아름답고 행복한 '꽃길'을 생각할 것 같지만 전혀 그렇지 않습니다. 물론 목표로 삼는 것은 모든 사람이 어울려 아름답고 행복하게 사는 세상입니다. 그러나 우리가 사는 세상은 그렇지 못합니다. 그래서 평화학자는 왜 평화를 파괴하고 방해하고 우리의 삶을 평화롭지 않게 하는 일이 벌어지는지 관찰하고 분석합니다. 그러니 평화학자로 산다는 것은 아름답지 않은 일을 다른 사람보다 더 많이 자주 생각하는 것을 말합니다. 물론 그것을 통해 조금씩 평화로 다가갈 수 있으니 결국은 좋은 일입니다.

평화학자는 다른 분야의 학자들과 마찬가지로 사회에서 해야 할 의무와 역할이 있습니다. 거기에는 크게 세 가지가 있습니다. 첫째는 사람들이 평화를 이해하고 그 가치를 생각하도록 하는 일입니다. 많은 사람이 평소에 '평화'라는 말을 자주 입에 담습니다. 그러나 평화학자의 눈으로 보면 그 말이 맞지 않을 때도 많습니다. 자기 이익만 생각하거나 방법에 상관없이 결과에만 초점을 맞춘 행동을 '평화를 위한 일'로 포장하는 사람들이 있기 때문입니다. 그런 사람들에게, 그리고 사회에서 일어나는 많은 일에 '평화를 위한 평화의 기준'을 제시하는 것이 평화학자가 하는 일 중 하나입니다.

둘째는 다양한 상황과 사건을 평화의 눈으로 관찰하고 재해석하는 일입니다. 우리가 사는 사회와 세계에서 일어나는 일 중 단순한 것은 하나도 없습니다. 어떤 일이나 사건은 다른 많은 것과 연결돼 있습니다. 특히 정의롭지 않은 것들이 원인을 제공하는 경우가 많습니다. 예를 들어 지구온난화와 기후변화의 문제에서 가장 중요한 것은 그로 인해 피해를 입는 사람들입니다. 그들 대부분은 경제적으로 가난한 나라에 살고 있습니다. 그들은 지구온난화에 전혀 책임이 없는 사람들입니다. 지구온난화를 부추긴 나라들은 책임을 인정하지 않고 대부분 아무 책임이 없는 사람들이 피해를 입습니다. 마을이나 학교, 회사 등에서 벌어지는 일도 힘의 악용, 차별, 폭력문화 등 정의롭지 않은 것들과 관련된 경우가 많습니다. 그러니 하나의 문제를 볼 때 그 문제를 넘어서 멀리 또는 깊게 보는 시각이 필요합니다. 평화학자는 그런 방법과 길을 안내하는 일을 합니다. 그런 정의롭지 않은 것들이 피해를 만들고 많은 사람의 평화로운 삶을 깨뜨리고 방해하기 때문입니다. 이는 문제를 확대해 복잡하고 시끄럽게 만들려는 것이 아닙니다. 자기 이익을 위해 침묵하고 교묘하게 힘을 이용해 이익을 챙기려는 사람들을 찾아내 경고하려는 것입니다. 그런 일이 폭력이며 피해자를 만들어낸다는 것을 알리려는 것입니다. 이 모두는 폭력의 피해자를 줄이려는 것입니다. 모든 사람이, 무엇보다 약한 사람도 평화롭게 살 수 있는 세상을 만들려는 것입니다.

셋째는 연구를 통해 사회 변화에 기여하는 일입니다. 이는 제가 박사 학위를 받은 학교에 평화학과를 만들면서 평화운동과 더불어 어떻게 다른 일을 할 것인지 오래 고민하고 토론한 끝에 얻은 결론입니다. 저도 항상 명심하고 가슴에 품고 있는 생각입니다. 평화학은 학문 분야로서 독특한 특징이 있습니다. 연구자는 연구만 하는 것이 아니라 사회 현장에서도 더불어 일하는 것을 거의 원칙으로 생각합니다. 그래서 평화학자는 이론을 다루는 연구자이자 현장에서 일하는 실천가입니다. 모든 연구자는 항상 자신의 연구를 어떻게 사회에 적용할지 고민합니다. 저는 책을 쓰는 일을 그런 일 중 하나로 삼았습니다. 다양한 세대가 평화를 이해하도록 돕고 평화를 위해 각자의 자리에서 무언가를 할 수 있게 독려하기 위해서입니다. 또한 연구와 실천을 아우르기 위해 평화교육을 선택했습니다. 평화의 가치와 중요성을 다양한 사람과 토론하고 고민하기 위해서입니다. 그래서 저는 평화학자이자 평화교육자이고, 책을 쓰는 일은 두 가지 일을 잘하기 위한 선택입니다. 물론 앞에서 얘기한 평화학자의 의무와 역할을 잘하기 위해 선택한 것이기도 합니다.

이 책은 우리가 이미 알고 있거나 들어본 적이 있는 많은 이야기를 평화의 눈으로 재해석합니다. 어떤 이야기는 불편할 수도 있고, 어떤 해석은 선뜻 동의하기 힘들 수도 있습니다. 자연스러운 일이고 이 책을 통해 제가 하고 싶은 일이기도 합니다. 작가로서 책에서는 특정 주장을 하지만 목적은 독자에게 그것을 무조건 따르고 수용하게 하려는 것이 아닙니다. 오히려 다른 방식으로 생각하고 고민할 기회를 가져보라고 제안하는 것입니다. 무엇보다 다루는 이야기의 뒤에 숨겨진 사실이 누군가의 삶을 망가뜨리거나 삶의 질을 떨어뜨리는 일임을 생각해보라고 권하는 것입니다. 그것이 정의롭지 못하고 그래서 결국 가장 힘없는 사람들에게 폭력이 된다는 점을 생각해보라는 것입니다. 그리고 함께 사는 평화로운 세상을 상상하고 그것을 위해 무엇을 할지 생각해보라고 권하는 것입니다.

우리 사회와 세계의 다양한 상황과 사건을 평화의 눈으로 바라보고 분석하는 이유는 바람직하지 않은 상황을 중단시키고 바람직한 상황으로 바꾸기 위해서입니다. 이 책이 하는 일도 그렇습니다. 독자들이 불편하게 생각할 수도 있는, 평화를 방해하는 일과 뒤에 숨겨진 사실을 얘기하는 이유는 독자들이 지식을 쌓는 일을 넘어서 평화롭지 않은 상황을 바꾸어보도록 독려하기 위해서입니다. 다시 말해 평화를 위해 노력하는 기회를 가져보길 바라서입니다. 평화는 몇 사람이 아니라 많은 사람이 함께 노력해야 조금씩 이루어집니다. 그것은 곧 우리 주변에서 피해자가 조금씩 줄어드는 것을 의미합니다.

책에서 다룰 이야기를 정하면서 고민했습니다. 지금은 문제로 보이는 일이 1~2년 시간이 지나면 다 해결될 수도 있으니까요. 또는 갑자기 변화가 생겨서 인용한 자료의 숫자나 상황이 완전히 달라질 수도 있으니까요. 그러면 책에서 다룬 이야기로 독자를 설득하기가 어렵습니다. 글 쓰는 사람의 입장에서는 고민해야 하는 일입니다. 그런데 그런 상상이 싫지 않았습니다. 차라리 그렇게 되면 좋겠다는 생각도 했습니다. 하지만 세상은 그처럼 잘 변하지 않습니다. 사람이 잘 변하지 않는 것과 같은 이치입니다. 세상을 변하게 만드는 것은 사람인데 사람이 변하지 않으니 세상도 변하지 않는 겁니다. 그렇게 생각하니 글 쓰는 사람으로서의 걱정은 사라졌지만 조금 우울해졌습니다.

평화로운 세상을 상상하고 무언가를 하는 것이 부질없다고 말하는 사람도 있습니다. 세상이 짧은 시간에 크게 변하기는 힘드니까요. 그렇지만 아무 일도 하지 않으면 평화롭지 않은 세상이 그대로 유지되는 것이 아니라 더 나빠집니다. 그러니 평화를 위한 노력은 소극적으로 보면 지금보다 나쁜 세상에서 살지 않으려는 것입니다. 적극적으로 보면 지금보다 조금이라도 나은 세상을 만들기 위한 것입니다. 그리고 모든 노력은 결국 각자의 삶을 조금 더 안전하고 평화롭게, 주변 사람들의 삶도 조금 더 낫게 만들기 위한 것입니다. 그리고 멀리 있는, 얼굴도 모르는 사람들을 위해서도 세계시민으로서 함께 책임과 역할을 나누기 위한 것입니다.

'평화'는 모든 사람이 거부하지 않는 단어이지만 사람들은 평화에 그다지 관심이 많지 않습니다. 눈앞에 닥친 일들을 처리하고 난 이후에 시간이 나고 마음의 여유가 생기면 그때 가서 고민하고 다룰 문제라고 생각합니다. 아마 자신이 관심을 가진다고 해도 눈에 띄게 성과가 나타나지 않으리라고 생각하기 때문일 겁니다. 그렇지만 애초 우리가 사는 사회와 세계가 평화와 멀어지게 된 이유는 평화에 대해 고민하고 행동하는 사람이 충분하지 않았기 때문입니다. 무엇보다 평화는 이론이나 가치의 문제가 아니라 삶의 문제고, 특히 힘없는 사람들의 생존까지 걸린 문제인데 말입니다. 이 책이 독자들에게 평화에 관심을 가지게 하고 고민하게 하는 데 도움이 되기를 바랍니다.

평화에 대해 책을 쓰는 일은 항상 걱정이 앞섭니다. 관심을 가지고 읽는 사람이 많지 않기 때문입니다. 그럼에도 평화라는 주제에 관심을 보이고 책을 쓰도록 허락해주신 철수와영희 출판사에 진심으로 감사드립니다.

2019년 11월 일산에서

정주진

차례

4강. 국가 폭력, 합법성을 감시하라

5강. 한반도에 평화는 올까

6강. 폭력사회의 평화문화

7강. 민족주의와 보편적 평화

8강. 쓰레기와 먹방

9강. 우리의 평화, 세계의 평화

1강

누가 가해자이고 누가 피해자인가

평화를 얘기한다는 것

평화를 얘기하는 일이 모순적으로 보일 수 있겠다는 생각을 가끔 합니다. 평화를 연구하는 일은 더욱더 그렇습니다. '평화'라는 단어를 떠올리고 입으로 말하면서도 항상 '평화롭지 않은' 상황을 찾아내고 지적하기 때문이죠. 그럴 수밖에 없는 이유가 있습니다. 평화롭지 않은 상황을 끝내기 위해, 그리고 평화를 이루기 위해 우선 눈앞에 놓인 장애물이 무엇인지 찾아내야 하기 때문이죠. 이는 평화에 대한 근본적인 질문이 어떻게 생겨나는지와 관련이 있습니다.

평화, 또는 평화로운 삶에 대한 생각과 욕구는 평화롭지 않은 상황에서 생겨납니다. 배고플 때 푸짐한 음식을 생각하고, 잠잘 곳이 없을 때

편안한 잠자리를 간절히 원하는 것과 같은 이치입니다. 평화로울 때는 평화의 필요성이 인식되지 않고 평화롭지 않을 때 인식되고 정당화됩니다. 구체적으로 평화롭지 않은 상황을 목격하거나 직접적으로 경험할 때 평화의 부재와 필요성을 깨닫기도 합니다. 평화의 필요성이 인식되면 자연스럽게 평화의 부재를 어떻게 끝낼 것인지를 고민하게 되죠. 이때 다시 평화의 부재를 불러온 일과 상황으로 돌아가게 됩니다. 쉽게 짐작하듯이 원인을 분석해야 해결책을 찾을 수 있으니까요.

역사를 통해 볼 때 평화의 필요성을 가장 절실하게 느꼈던 때는 전쟁이 일어났을 때였습니다. 인류 역사상 전쟁이 수도 없이 많았는데, 특히 전 세계 광범위한 지역에 영향을 미쳤던 십자군 전쟁이나 1, 2차 세계대전 때 사람들은 전쟁 없는 평화로운 세상을 간절히 원했던 것으로 보입니다. 이슬람 세계로부터 예루살렘을 포함한 기독교 성지를 되찾겠다고 나선 십자군 전쟁은 거의 200년 동안 계속되었죠. 전쟁이 길어지자 유럽에서는 많은 교회가 전쟁의 중심에 있던 바티칸의 교회 권력에 반대하는 실천 운동에 가담했습니다. 그런 식으로 전쟁 반대를 나타냈던 것이죠. 1233년 이탈리아의 베로나에서는 장기화한 전쟁에 반대해 40만 명이 모여 대규모 집회를 열기도 했습니다. 1차 세계대전이 끝난 후 평화운동에 대한 대중의 지지가 높아졌던 것도 같은 맥락에서 이해할 수 있습니다. 전쟁을 겪은 사람들은 두 번 다시 전쟁이 없기를 바랐죠. 그렇지만 1차 세계대전 후 20년 만에 다시 2차 세계대전의 소용

돌이에 휘말리고 말았습니다. 전쟁이 없는 세상을 간절히 원했던 사람들은 다양한 방식으로 전쟁에 반대하고 전쟁을 끝낼 방법을 찾았습니다.* 평화가 무엇인지, 평화는 어떻게 이루어질 수 있는지에 대한 학문적 연구도 이때 이루어졌습니다. 평화가 없는 상태인 전쟁을 직접 경험하면서 평화에 대한 성찰이 깊어지고 욕구가 커졌습니다.

흥미로운 것 중 하나는 1942년에 출판된 『전쟁 연구A Study of War』라는 책입니다. 이 책은 최초의 체계적인 평화연구서로 여겨집니다. 그런데 제목이 '전쟁 연구'입니다. 미국 시카고 대학에서 출판했는데요, 퀸시 라이트Quincy Wright가 동료들과 15년 동안 전쟁에 대해 연구한 것을 두 권의 책으로 정리했습니다. 전쟁의 정의, 역사, 원인에서부터 전쟁의 예방과 평화의 회복 및 유지까지 전쟁에 관련된 거의 모든 것을 담았습니다. 전쟁에 대한 체계적 분석, 학문적 해석, 도덕적 성찰을 통해 전쟁을 이해하려고 했지요. 그럼으로써 전쟁을 예방하거나 끝내고, 평화를 회복하고 유지할 방법을 모색하려고 했습니다. 1, 2차 세계대전을 겪으면서 절실해진 평화에 대한 열망이 낳은 결과죠. 그런데 전쟁에 대한 연구가 된 겁니다. 언뜻 모순처럼 보이지요. 평화에 대한 관심과 연구가 결국 평화롭지 않은 일과 상황에 대한 탐구와 분석이 되는 것을 잘 보여주는 사례입니다. 평화를 얘기하고 연구하는 사람이 맞닥뜨릴

* 서보혁·정주진, 『평화운동』, 진인진, 2018, 87 ~ 89쪽.

전쟁이 없는 세상을 간절히 원했던 사람들은 다양한 방식으로 전쟁에 반대하고 전쟁을 끝낼 방법을 찾았습니다. 평화가 무엇인지, 평화는 어떻게 이루어질 수 있는지에 대한 학문적 연구도 이때 이루어졌습니다. 평화가 없는 상태인 전쟁을 직접 경험하면서 평화에 대한 성찰이 깊어지고 욕구가 커졌습니다.

수밖에 없는 운명 같은 것이죠.

반론이 있을 수 있습니다. 평화의 부재 상황이 아니라 평화로운 상황에 초점을 맞추고 그것을 분석하면서 평화를 강조하고 연구할 수도 있다고 말이죠. 맞는 얘기입니다. 그런데 거기에는 한 가지 모순되는 점이 있습니다. 평화의 필요성과 장점을 강조하려고 평화로운 상황만 얘기하다 보면 평화의 부재로 인해 발생하는 무수한 일을 외면할 수 있다는 것이죠. 평화의 정당성을 설명하기가 힘들 수도 있습니다. 평화를 강조하는 이유는 평화로운 상태가 그렇지 않은 상태보다 절대적으로 낫고 옳기 때문입니다. 그리고 그것을 증명하는 것은 바로 우리의 삶입니다. 그런데 아무 문제 없이 평화롭게 사는 사람들의 얘기만 하고 그렇지 않은 사람들, 다시 말해 평화의 부재 때문에 삶과 생존의 위협을 받는 사람들을 외면한다면 그것은 곧 평화를 얘기하고 연구하는 이유를 외면하는 것입니다. 구체적으로는 평화롭게 살지 못하는 사람들이 직면한 문제를 외면하는 것이죠.

평화를 얘기하고 연구하는 것은 뭐니 뭐니 해도 사람 때문입니다. 평화에 관심을 가진다는 것은 결국 평화로운 삶에 관심을 가지는 것입니다. 우리 주변에는 평화로운 삶과 거리가 먼 사람이 너무 많습니다. 심지어 매 순간 생명의 위협을 느끼면서 사는 사람도 있습니다. 문제는 그런 일상이 대부분 그 사람들의 선택이나 책임이 아니라는 것이죠. 자신이 책임지지 않아도 되는 일, 나아가 책임질 수 없는 일 때문에 평화롭지 않은 삶을 산다는 것은 곧 평화로운 삶을 빼앗겼다는 의미입니다. 평화에 관심을 가지는 것은 평화로운 삶을 빼앗긴 사람에게 관심을 가지는 것입니다. 그리고 그 이유를 찾아 평화로운 삶을 회복하도록 돕는 것에 초점을 맞추는 것입니다. 그러기 위해서는 당연히 참혹하고 불공정하고 억압적인 삶의 문제와 그 원인에 초점을 맞추어야 합니다.

평화로운 삶을 방해하고 빼앗는 것을 '폭력'이라 부릅니다. 국어사전에서는 평화를 '전쟁과 갈등이 없이 평온한 상태'로 정의합니다. 평화연구에서는 평화를 누구도 억압이나 강요에 의해 피해를 입지 않는 상태, 즉 '폭력이 없는 상태'로 정의합니다. 전쟁은 숱한 폭력 상황 중 하나일 뿐입니다. 이 같은 정의를 적용하면 평화에 대한 관심과 연구는 전쟁에 국한될 수 없습니다. 평화 또한 전쟁이나 다툼의 부재를 넘어서는 것입니다. 이는 또한 평화에 대해 얘기하고 연구하는 것이 곧 폭력에 대해 얘기하고 연구하는 것임을 말합니다.

그럼 평화에 대한 관심과 갈망에서 비롯했던 전쟁에 대한 관심과 연구는 어떻게 이해할 수 있을까요? 그것은 당시 가장 폭력적인 일이 전쟁이었기 때문으로 이해할 수 있습니다. 물론 지금도 많은 평화연구자가 전쟁에 대해 연구하고 전쟁을 감시합니다. 또한 당시엔 평화로운 삶을 불가능하게 하는 다양하고 구체적인 폭력에 대한 이해가 부족했기 때문으로 볼 수 있습니다. 이는 평화연구의 초기 상황을 보면 이해할 수 있습니다. 학자들은 2차 세계대전이 끝난 후인 1950년대에 체계적이고 조직적인 평화연구를 시작했습니다. 처음엔 국가 사이의 전쟁이나 무력 충돌을 예방하고 평화적으로 끝내는 것에 초점이 맞춰졌습니다. 전쟁 직후라 당연히 그랬겠죠. 그러나 1960년대가 되면서 연구자들은 전쟁의 부재가 곧 평화의 보장이 되지 않는다는 사실을 깨달았습니다. 그래서 평화로운 삶을 방해하는 일들, 즉 폭력에 대한 체계적인 탐구가 이루어졌습니다. 전쟁 외에도 사회에 존재하는 폭력을 없애야 평화가 이루어진다는 것을 이론적으로 정리하게 됐습니다.

평화에 대해 얘기하고 연구하면서 평화롭지 않은 일과 상황, 즉 폭력에 관심을 두고 끊임없이 폭력을 찾아내는 일이 모순적으로 보일 수 있습니다. 하지만 그렇게 접근해야 하는 이유가 명확하다면 그것은 모순도 아니고 부정적인 것도 아닙니다. 왜냐하면 그 일이 바로 평화로운 삶을 찾아가고 회복해가는 과정이니까요. 중요한 것은 폭력에 초점을 맞추지만 생각과 눈은 항상 평화를 향하고 있다는 점입니다.

인간성 상실과 회복의 문제

2018년 8월 한 교회에서 벌어진 충격적인 일이 방송을 통해 알려졌습니다. '타작마당'이라 불리는 것이었지요. 귀신을 쫓고 영혼을 맑게 한다면서, 그리고 알곡과 쭉정이를 가린다는 명목으로 교회 안에서 공개적으로 몇 시간씩 사람들을 때려서 회개하게 하는 행위였습니다. 거의 매일 타작마당이 열렸다고 합니다. 주로 목사와 '타작기계'라 불리는 사람들이 때렸고, 가족이 서로를 때리기도 했다고 합니다. 어린아이도 예외가 아니었습니다. 열 살 미만의 아이 10여 명이 엄마들과 둘러앉아 함께 폭행을 당했다고 합니다. 그뿐만이 아니었습니다. 이 교회는 남태평양의 피지섬이 '낙토', 즉 '행복한 땅'이라며 400명 넘게 데려가 죽도록 일을 시켰습니다. 심지어 어린아이들도 아침부터 밤까지 일을 했다고 합니다. 물론 무임금 노동이었죠.*

'타작마당'을 만들어 직접 구타를 하거나 지시한 사람은 교회의 목사였습니다. 성경에 나와 있는 것처럼 믿음을 가진 '알곡'과 믿음이 없는 '쭉정이'를 가린다는 명분을 내세웠습니다. 그렇지만 실제로는 목사의 명령을 거부하거나 교회의 문제점을 지적하는 사람들의 입을 막고 협박하기 위한 폭행이었습니다. 사람들은 세뇌를 당하거나 공포에 질려서 고분고분 말을 들었다고 합니다.

이는 사실 주위에 흔한 폭력의 한 사례입니다. 집단에서 공개적이고 조직적으로 일어났다는 점을 빼면 우리가 흔히 주변에서 접하거나 듣는 물리적 폭력의 특징을 다 가지고 있습니다. 폭력의 기본적인 특징은 가해와 피해입니다. 폭력을 쓰는 사람과 그로 인해 피해를 보는 사람이

---

* <국민일보>, 2018년 8월 26일자 기사 참고.

있습니다. 또 다른 특징은 반드시 폭력으로 이익을 보는 사람이 있다는 것입니다. 위의 사례에서는 당연히 목사와 추종자들입니다. 목사는 폭행으로 신도들을 협박하고 통제해서 자기 맘대로 조종하고 재산을 불리는 데 이용했습니다. '타작기계'라 불리던 사람들도 목사의 측근으로 다른 사람들 위에 군림하고 혜택을 봤을 것으로 짐작할 수 있습니다. 폭력은 바로 이런 부당한 가해와 이익이라는 특징이 있습니다.

또한 폭력에는 절대 간과할 수 없는 중요한 특징이 있습니다. 바로 인간성에 미치는 영향입니다. 인간성은 인간의 본성, 인간을 인간답게 하는 것을 말합니다. 인간성의 핵심은 타인을 자신과 같은 사람으로 인정하여 존중하고, 함께 살기 위해 노력하는 것입니다. 그런데 폭력은 그런 인간성을 거부하고 거스르는 행위입니다. 그 결과는 인간성의 파괴 또는 부분적 상실이죠. 그리고 이는 가해자와 피해자 모두에게 일어납니다.

피해자는 폭력을 당하면서 자신이 인간으로서 존중받지 못한다고 느낍니다. 동시에 자신이 인간답게 살고 있는지 자문하게 됩니다. 나아가 상대적 약자이기 때문에 피하거나 거부할 수 없는 폭력 앞에서 인간성이 파괴되어가는 것을 경험합니다. 더없이 가혹한 일이죠. 이런 정신적, 심리적 피해는 폭력이 가져오는 신체적 고통보다 절대 덜하지 않습니다. 가해자의 상황도 비슷합니다. 타인에게 폭력을 가하는 것은 인간성을 거부하고 거스르는 일입니다. 비록 가해자가 그것을 인지하거나 깨닫지 못할지라도 사실은 변하지 않습니다. 그러므로 가해자에게도 인간성 파괴가 일어납니다. 그것이 스스로 만든 일이라는 점이 다를 뿐이죠. 폭력은 가해자와 피해자 모두의 인간성을 파괴하거나 부분적으로 상실하게 만듭니다. 이것이 폭력이 가져오는 가장 큰 피해입니다.

인간성의 상실을 가장 적나라하게 보여주는 것은 전쟁에서 벌어지는 폭력입니다. 2차 세계대전을 다룬 다큐멘터리에 나오는 군인들은 전쟁터에서 매일 생존을 생각했다고 증언합니다. 애국심에 불타 전쟁에 나간 사람들도 예외가 아닙니다. 생존하기 위해 기를 쓰고 싸우다 보면 승리를 거머쥐기도 하지요. 군인들은 매 순간 다른 사람을 죽이지 않으면 자신이 죽는다는 생각에 사로잡혀 있습니다. 인간성을 내던져야 하는 이런 상황 때문에 군인들은 정신적으로 피폐해집니다.

2차 세계대전에 참전했던 소련 여군들의 증언을 엮은 책*을 보면 적과 싸우면서 얼마나 인간성이 파괴되고, 그로 인해 정신적으로 얼마나 피폐해지는지 알 수 있습니다. 전투는 더없이 치열합니다. 때려죽이고, 총검으로 찔러 죽이고, 목 졸라 죽이고, 뼈를 으스러뜨립니다. 여기저기서 울부짖는 소리와 비명소리, 신음소리가 끊이지 않습니다. 전투가 끝나면 동료들은 차마 서로의 얼굴을 쳐다보지 못합니다. 다들 평소의 얼굴이 아니니까요. 광기 어린 서로의 눈을 피하는 겁니다. 대개 남자

* 스베틀라나 알렉시예비치, 박은정 옮김, 『전쟁은 여자의 얼굴을 하지 않았다』, 문학동네, 2015, 261~262쪽.

보다 여리고 본능적으로 모성애를 가진 여군들도 적을 만나면 생존을 위해 가차없이 다른 사람을 죽여야 했지요. 그런 상황에서 자신의 인간성이 파괴되는 것을 경험하고, 자신과 동료를 당당히 대면할 수 없는 혼란에 빠졌던 겁니다.

전쟁에 나간 군인들의 이야기는 폭력의 가해자와 피해자 사이의 모호한 경계를 드러냅니다. 설사 애국심 때문에 자원했다 해도 군인들은 정치인이나 군 지휘부가 전쟁터에 보낸 사람들입니다. 폭력 상황에 던져진 피해자로 볼 수 있습니다. 그들은 승리하기 위해 다른 사람을 공격하고 목숨을 빼앗게 됩니다. 바로 가해자가 되는 겁니다. 전쟁터에서 불가피하게 일어나는 공격을 폭력으로 볼 수 있느냐는 의문이 생길 수 있습니다. 자신의 생존을 위해 다른 사람을 죽이는 것을 폭력으로 볼 수 있느냐고 물을 수도 있습니다. 그런데 상황이 어떠하든 사람을 죽인 사실은 변하지 않습니다. 개인에게 그런 구조와 조건을 만든 책임은 없지만 폭력의 도구가 된 것은 분명합니다.

여기에는 또한 전쟁을 정당화할 수 있느냐의 문제도 있습니다. 흔히 국가 사이 전쟁은 정당화하고 국가 내 무장집단 사이 전쟁은 정당하지 않다고 보는 이중적 잣대의 문제도 있습니다. 국가가 전쟁을 결정한 경우에만 정당성을 부여하기 때문이죠. 그런데 국가의 전쟁이 정당성을 인정받으려면 적어도 국가가 전쟁과 관련해 항상 옳고 공정한 결정을 하며, 절대 실수를 하지 않는다는 전제가 있어야 합니다. 미국은 9·11

테러 이후 테러조직인 알카에다를 잡겠다고 아프간 전쟁을 시작했고, 테러조직을 지원하고 대량살상무기를 숨기고 있다면서 이라크를 공격했습니다. 그런데 알카에다는 국제조직이라 여러 나라에 퍼져 있었고 수장인 오사마 빈라덴은 후에 파키스탄에서 발견됐습니다. 또 이라크에서는 대량살상무기가 발견되지 않았습니다. 전 세계가 미국의 잘못된 공격을 비난했습니다. 국가가 결정한 전쟁도 정당하지 않고 실수할 수 있음을 잘 보여주는 사례입니다.

다시 전쟁과 인간성 파괴 문제로 돌아가 보면, 많은 사람이 현대의 전쟁은 다르다고 생각합니다. 정말 그럴까요? 직접 사람을 죽이는 일은 줄었지만 전쟁의 본질은 승리를 위해 사람을 공격하는 것입니다. 예전의 전쟁보다 더 비정하기도 합니다. 전투기나 미사일, 심지어 무인기인 드론 등을 이용해 선제공격을 하니까요. 이 경우 군인들은 공격받지도, 자신의 생존이 걸리지도 않은 상황에서 다른 사람을 죽이는 일을 합니다. 직접 대면해 죽이지 않으니 자신의 행동에 대해 깊이 고민하지 않으며 인간성 파괴에 대한 의문도 없을 수 있습니다.

지금까지 얘기한 폭력은 모두 신체에 가해지는 폭력과 관련된 것입니다. 그러나 인간성 파괴는 모든 종류의 폭력과 관련돼 있습니다. 구조를 교묘하게 악용하는 기업이나 상사로부터 '갑질'이라는 폭력을 당하는 피해자는 자신의 인간성이 짓밟히는 경험을 합니다. 가해자도 대부분 자신이 인간으로서 당당하지 못함을 압니다. 그러기 때문에 드러나지 않게 숨기려고 하지요. 문화나 관습이라는 이름으로 억압당하고 부당한 대우를 받는 여성 또한 자신이 인간답게 살고 있지 못하다는 것을 압니다. 문화나 관습 뒤에 숨어서 자신의 행동을 정당화하는 가해자도 당당하지 못합니다. 모든 폭력은 인간성을 부분적으로 또는 전체적으로 파괴합니다.

인간성 파괴는 평화를 얘기할 때 가장 주목하는 주제에 속합니다. 폭력을 탐구하는 이유 중 하나도 인간성 파괴를 줄이기 위해서입니다. 그래서 평화를 얘기하고 연구할 때 폭력의 중단과 함께 인간성 회복의 문제를 다룹니다. 물론 거기에는 피해자뿐만 아니라 가해자의 인간성 회복도 포함됩니다. 평화로운 세상, 평화로운 삶은 '나쁜 사람'을 없애고 '좋은 사람'끼리만 잘 사는 것이 아니라 '나쁜 사람'도 참회하고 대가를 치른 후 함께 잘 사는 것을 의미하기 때문입니다. 나쁜 사람을 없애는 것에 초점을 맞춘다면 그것은 원칙적으로 평화적 접근이 아닙니다. 그런 방식으로는 피해자의 인간성이 회복되지 않습니다. 상대가 나쁘다는 이유로 결국 자신의 행복을 위해 다른 사람을 사회와 공동체로부터 쫓아내는 셈이니까요. 그것은 '나쁜 사람'이 저질렀던 방식과 크게 다르지 않습니다. 평화로운 세상은 분리와 제거가 아니라 공존에 기초합니다.

폭력 없는 사회의 비현실성?

평화를 이루고 평화로운 삶을 누리기 위한 노력은 폭력을 없애는 것에 초점이 맞춰집니다. 완전히 평화로운 곳에서는 폭력이 없기 때문에 폭력에 관심을 쏟을 이유가 없습니다. 비교적 평화로운 곳에서는 평화를 완전히 정착시킬 수 있도록 새롭게 나타나는 폭력을 감시하고 없애야 합니다. 평화가 불안한 곳에서는 곳곳에 뿌리내린 폭력이 확산되지 않게 감시하고 점진적으로 없애기 위해 노력해야 합니다. 폭력이 만연해서 일상에서 평화로운 삶을 누리기 힘든 곳에서는 당장 폭력을 중단시키고 피해를 줄일 방안을 적극적으로 모색해야 합니다. 폭력과 평화는 불가분의 관계여서 폭력이 많을수록 평화의 질은 떨어지고 폭력이 사회를 장악하면 평화는 거의 흔적조차 없게 됩니다.

평화를 이루기 위해 폭력의 제거를 얘기할 때 흔히 하는 질문이 있습니다. '모든 폭력을 없애는 것이 가능한가요?' 그런 일이 현실적으로 일어날 수 있는지 묻는 겁니다. 이 질문은 모든 폭력이 사라진 '완전한 평화를 이루는 것이 가능한가요?'라는 질문으로 이어집니다. 타당하고 합리적인 질문입니다.

먼저 첫 번째 질문부터 생각해보죠. 이러한 질문을 하는 사람들은 '폭력을 없애야 하나?', '불가능한 것을 왜 목표로 삼을까?' 하는 의문을 가지고 있습니다. 폭력을 두둔하는 것이 아닙니다. 다만 폭력은 인간사회에서 불가피하게 벌어지는 일이고 폭력에서 완전히 자유로운 사람은 없다고 생각하는 것입니다. 살다 보면 화가 나서 만만해 보이는 누군가를 때리거나 욕을 할 수도 있고, 자기 이익이나 가족을 위해 다른 사람에게 나쁜 일을 할 수도 있다고 생각하는 거지요. 또 세상에서 전쟁, 범죄, 억압, 강요 같은 일을 완전히 없애는 것이 불가능하고, 불가능한 일을 얘기하는 것은 의미가 없다고 생각하는 겁니다. 정말 그럴까요? 폭력을 엄중하게 보지 않으면 그렇게 생각할 수도 있겠지요.

'폭력'은 단어 이상의 의미가 있습니다. 폭력은 항상 피해를 동반합니다. 폭력을 지적하는 이유는 피해자 때문입니다. 피해자에게는 작은 폭력도 큰 충격과 위협이 될 수 있습니다. 그러니 완전히 없앨 수 없다고 해서 줄이려는 노력조차 하지 않는 것은 정당하지도 옳지도 않습니다. 나아가 작은 폭력이 대수롭지 않게 여겨지고 용인되는 사회는 큰 폭력에도 무감각해지고 관대해집니다. 그러니 폭력에 대해서는 '용인하지 않고 없애야 한다'는 원칙적 접근이 중요합니다. 설사 갈 길이 멀다 해도 한 걸음부터 시작하는 것이 타당합니다.

이제 두 번째 질문인 '완전한 평화를 이루는 것이 가능한가요?'를 생각해보죠. 이것은 평화를 부정적으로 생각해서 하는 질문이 아닙니다. 세상이 너무 평화롭지 않기 때문에 하는 질문입니다. 이런 세상에서 평화를 얘기하는 것이 비현실적이라는 냉소가 섞여 있기도 합니다. 그런데 평화를 얘기하고 연구하는 이유는 이 질문에 답하기 위해서가 아닙니다. 완전한 평화는 이론상으로는 가능하지만 현실적으로는 거의 불가능합니다. 인간과 인간사회는 계속 변하고 그에 따라 항상 새로운 문제가 생기기 때문이죠. 평화를 얘기하는 이유는 평화로운 세상과 삶이 우리에게 필요하기 때문입니다. 그래서 초점은 당위성에 맞춰져 있습니다. 당연히 필요한 것이므로 평화로운 세상과 삶이라는 목표를 달성하기 위해 현재 해야 할 일에 초점을 맞추는 것입니다. 그러니 이 질문은 '조금이라도 더 평화롭게 살려면 지금 무엇을 해야 할까요?'나 '평화를 이루는 과정에서 필요한 것은 무엇인가요?' 같은 질문으로 바뀌어야 합니다. 그럼에도 굳이 답을 하자면 완전한 평화가 불가능하다고 해서 평화를 포기할 수는 없다는 것입니다. 평화를 포기한다면 눈앞에서 벌어지는 폭력과 피해자들을 외면하겠다는 말이니까요.

평화를 얘기하고 연구하는 것은 평화를 이루기 위한 과정에 대한 것입니다. 직면한 폭력을 줄이고 없애면서 평화로운 세상으로 가기 위해 사회, 공동체, 조직의 어떤 부분을 변화시키고, 누구의 역량을 높여야 하며, 어떤 과정을 만들어야 하는지 등에 대한 것입니다. 중요한 것은 평화를 이루기 위한 과정은 그 자체로 평화적이어야 한다는 것입니다. 그리고 흥미로운 점은 그런 평화적 과정을 거치면서 순간순간 평화로운 공존과 삶을 경험할 수 있다는 것입니다. 평화를 위한 과정 자체가 의미 있게 되는 것이죠. 물론 평화적이지 않은 과정, 누군가의 억압, 강요, 독점 등이 끼어든 과정은 평화를 위한 노력으로 정당화할 수 없습니다. 평화의 성취가 가능하지도 않지요. 그래서 많은 사람이 평화로운 세상은 결국 평화를 향해 가는 과정이라고 얘기합니다. '완전한 평화'를 회피하려는 핑계라고 생각할 수도 있습니다. 그런데 세상의 모든 학문과 사회운동은 가장 바람직한 미래를 목표로 설정합니다. 그리고 그 목표를 달성하기 위한 현재의 노력에 초점이 맞춰집니다. 그런 점에서 평화 성취를 위한 노력도 세상의 다른 접근과 크게 다르지 않습니다.

그래도 의문이 들 수 있습니다. 어쨌든 완전한 평화는 불가능한데 '평화를 이루기 위한 노력은 도대체 무슨 의미가 있을까?' 하고요. 여기에 대한 답은 앞에서 얘기한 '평화를 향해 가는 과정'에 있습니다. 과정을 통해 세상은 조금씩 변합니다. 그리고 아예 변화가 없는 사회, 조금씩이라도 변하는 사회, 많이 변하는 사회는 차이가 있습니다. 각 사회에 사는 사람들의 삶 또한 아주 다릅니다.

1960년대 중반에 요한 갈퉁Johan Galtung이라는 평화학자는 '구조적 폭력'의 개념을 고안했습니다. 이 이론의 핵심은 개인의 삶이 안전하지도 행복하지도 못한 이유는 사회구조의 폭력 때문이라는 것입니다. 여기서 중요하게 언급되는 것이 '잠재성'입니다. 사람은 모두 100%의 잠재성을 가지고 태어나지만 어떤 사람은 90%를 발휘하고 어떤 사람은 50%도 발휘하지 못합니다. 그 이유가 바로 사회의 구조적 폭력 때문이라는 것입니다. 예를 들어 병이 들었는데 돈이 없어 치료를 받지 못하면 그 사람은 예상보다 일찍 죽고 잠재성은 발휘될 수 없습니다. 근본적인 이유는 누구나 충분히 의료 서비스를 누릴 수 있는 사회와 공동체가 아니기 때문입니다.

'잠재성' 하면 가장 먼저 떠오르는 게 아이들입니다. 모든 아이가 100%의 잠재성을 가지고 태어납니다. 그런데 아이의 엄마가 비혼모라고 칩시다. 그 아이가 복지제도가 발달한 북유럽 국가에서 성장하느냐, 아니면 여전히 복지제도가 허술한 한국에서 성장하느냐에 따라 잠재성 발휘는 크게 차이가 날 겁니다. 한국에서는 비혼모가 편견과 비난에 시달리고, 안정적인 직장을 구할 수도 없으며, 아이를 맡길 만한 곳도 마땅치 않으니까요. 아이 또한 사회적 편견과 또래들의 따돌림에 시달리겠지요. 그러면 아이는 잠재성을 한껏 발휘할 수 없습니다. 그래서 50~60%의 잠재성만 발휘하게 된다면 나머지 40~50%의 공백은 바로 폭력적인 사회구조에서 비롯된다는 말입니다. 물론 북유럽 국가에서도 여러 가지 이유로 잠재성을 100% 발휘하지 못하는 경우도 있을 겁니다. 그렇지만 폭력적인 사회구조 때문은 아닐 가능성이 높습니다. 그러니 완전한 평화는 아니지만 어느 수준의 평화냐, 얼마나 폭력이 존재하느냐가 우리 삶에 큰 영향을 미칩니다.

폭력이 없는 사회, 평화로운 사회는 비현실적이지 않습니다. 최종 목표가 아니라 그것을 향해 가는 데 초점이 맞춰져 있기 때문입니다. 반대로 아주 현실적이기도 합니다. 폭력을 없애고 평화를 이루어야 한다는 목표가 없다면 현재의 삶을 변화시킬 정당성과 에너지를 만들 수 없기 때문입니다. 그렇게 되면 피해자의 삶은 더 황폐해지고 많은 사람이 고통받는 사람을 외면하는 비인간적인 삶을 살게 됩니다. 더 중요하게는 폭력 없는 사회가 비현실적이라는 주장이 현재의 폭력을 방치하고 외면하는 위험한 핑계가 될 수 있다는 것입니다. 나아가 폭력과 가해자의 행동을 묵인하고 인정하는 일이 될 수 있습니다.

가해자도 피해자도 되지 않기

평화에 관심을 가지고 얘기하는 일은 쉽지 않습니다. 세계와 우리 사회 곳곳에 존재하는 폭력과 그로 인해 고통받는 사람들에 대해 계속 얘기해야 하기 때문입니다. 이것은 단순히 정보를 얻고 새로운 사실을 알게 되는 것을 의미하지 않습니다. 정보와 사실을 평화의 시각으로 재해석하기 위해 자기를 바꾸는 일을 함께 해야 합니다. 세상을 보는 눈과 삶의 방식을 바꿔야 하고, 폭력에 노출돼 억압과 강요에 시달리는 사람에게 진심으로 공감해야 합니다. 또 폭력을 중단시키고 최소한 줄이기 위해 필요한 일이 무엇인지 고민해야 합니다. 그래서 평화에 관심을 가지고 평화로운 삶과 세상에 대해 얘기하는 것은 결국 자기 삶의 가치와 방향에 대한 질문이자 문제 제기가 되는 것입니다.

대개는 이 부분에서 큰 부담을 느낍니다. 단순히 폭력사건에 대한 정보를 얻고 이해하는 것에 그치지 않고 무언가를 해야 하기 때문입니다. 더구나 자신의 일상을 송두리째 바꿀 수도 있는 일을 말이죠. 그래서 평화를 얘기하고 관심을 가지는 것 자체가 곧 '불편한 삶'을 사는 것이라고 말하기도 합니다. 때로는 전혀 알지 못하는 사람 때문에 고민해야 하므로 다른 사람을 위해 자기를 희생하는 것이라고 말하기도 합니다.

터무니없는 주장은 아닙니다. 평화와 폭력에 관심을 가지려면 그것을 자기 삶과 연결해야 하고, 그로 인해 삶의 토대와 일상이 완전히 바뀔 수도 있으니까요. 그런데 조금 더 생각하면 그 모든 것은 결국 자신이 사는 세상을 위한 것입니다. 지금보다 조금이라도 더 평화롭고 덜 폭력적인 세상을 말입니다. 그것이 결국 다양한 사람과의 평화로운 공존을 의미하기 때문에 다른 사람을 위한 일도 되는 것입니다.

평화에 대한 관심은 반드시 이타적일 필요가 없고 자기 문제에 초점을 맞춘다고 해서 평화를 왜곡하는 일도 아닙니다. 평화로운 사회와 세상을 위해서는 평화와 폭력에 민감한 사람이 많아져야 합니다. 그리고 민감성을 기르는 일은 대부분 자기 문제에서 시작됩니다. 자연스러운 일이죠. 그러니 자기 훈련을 위해서라도 일상에서 평화와 폭력의 탐구가 필요합니다. 평화와 폭력의 문제는 다양한 사람의 일상에서 비롯되고 서로 연결돼 있습니다. 그러므로 자기 삶의 문제를 얘기하는 것은 결국 다른 사람의 삶의 문제를 다루는 것입니다.

자기 삶의 문제에 초점을 맞추는 것은 두 가지 접근으로 이루어집니다. 하나는 가해자가 되지 않는 것이고, 다른 하나는 피해자가 되지 않는 것입니다. 이 두 가지가 조화되고 통합될 때 폭력을 없애고 평화를 이루는 데 온전하게 기여할 수 있습니다.

먼저 폭력의 가해자가 되지 않는 것에 대해 얘기해보죠. 여기에는 누구도 이의를 제기하지 않을 것입니다. 제정신을 가진 사람 중에 가해자가 되고 싶은 사람은 없으니까요. 대부분은 자신이 잠재적으로라도 폭력의 가해자가 될 수 있다고 생각하지 않습니다. 정말 그럴까요? 결론부터 얘기하자면 모든 사람은 가해자가 될 잠재성을 가지고 있습니다. 그것은 폭력이 생기는 근본적인 이유와 통합니다.

폭력은 자신의 이익을 위해 다른 사람을 억압하고 싫은 일을 강요하는 것을 말합니다. 상대적으로 강한 쪽이 약한 쪽에게 폭력을 씁니다. 이런 관계를 규정하는 핵심은 '힘'입니다. 힘의 원천은 다양합니다. 신체적인 힘이나 도구를 통한 물리적인 힘도 있지만 사실 비물리적인 힘이 더 많습니다. 나이, 지식, 정보, 재산, 소속된 국가나 민족 등 우리의 존재와 삶을 구성하는 모든 것이 힘이 될 수 있습니다. 특히 자기 이익을 위해 그것을 적극적으로 이용하려는 사람에게는 더 그렇습니다. 그런 것들을 자연스러운 '다름'으로 이해하는 사람도 많습니다. 그럼에도 사회적 인식과 통념에 의해 누구에게나 어느 정도의 힘이 부여됩니다. 그 힘을 어떻게 이해하고 이용하느냐는 개인의 선택에 따라 다릅니다.

힘은 상대적입니다. 나이나 정보가 많다는 것은 다른 누군가보다 많다는 얘기고, 다른 누군가보다 적다는 얘기입니다. 사람 사이를 힘의 관계에 맞춰 해석하면 절대적 강자도 없고 절대적 약자도 없습니다. 누구나 자신만의 힘을 가지고 있습니다. 이는 힘을 악용하려고 마음먹으면 누구나 폭력의 가해자가 될 수 있다는 뜻입니다. 쉬운 예로 10살 아이와 80살 노인 모두 마음만 먹으면 나이라는 힘을 이용해 쉽게 자기 이익을 얻을 수 있습니다.

폭력과 힘의 관계를 알아야, 그리고 자신에게 부여된 힘을 성찰해야 폭력에 민감해지고 가해자가 되지 않습니다. 자신의 폭력 잠재성을 항상 인지해야 합니다. 그래야 자기보다 나이가 적은 사람, 교육수준이 낮은 사람, 소수민족이나 가난한 나라 출신, 소수자 집단에 속한 사람들에게 무의식적으로 자기 힘을 과시하거나 물질적, 비물질적 이익을 얻으려 하지 않습니다. 사소한 부분에서도 다른 사람을 억압하고 동의와 인정을 강요하는 신체적, 정신적, 심리적 폭력의 가해자가 되지 않습니다.

더 중요한 것은 피해자가 되지 않는 것입니다. 평화와 폭력을 얘기할 때 흔히 심각하고 모두가 동의하는 사례를 떠올립니다. 자기 삶과 주변에서 일어나는 일은 평범하고 하찮은 일상의 한 부분으로 취급합니다. 그런데 평화와 폭력에 민감해진다는 것은 곧 자기 삶과 주변부터 성찰하고 평화의 시각으로 재해석하는 것을 의미합니다. 애써 좋게 해석하고 인내하면서 넘어갔던 일상의 한 부분도 그것이 자신에 대한 폭력이었다면 지적하고 거부하는 것을 의미합니다. 평화와 폭력에 대해 알게 된 후 자신이 과거에 경험했던 일이 단순히 부당하거나 나쁜 사람의 일탈이 아니라 폭력이었음을 깨닫는 경우가 많습니다. 그리고 다시 비슷한 상황에 놓인다면 피해자가 되지 않으려고 노력하겠다는 사람이 많습니다. 평화와 폭력에 대한 기본적인 이해와 민감성이 생겨났기 때문에 가능한 일이죠.

성폭력에 대해 생각해봅시다. 몇 년 전부터 전 세계와 우리 사회에서 미투 운동이 활발하게 일어나고 있습니다. 이것은 무엇보다 피해자가 폭력을 이해하고 민감해졌기 때문에 가능한 일입니다. 자신이 재수가 없어 당한 것이 아니라 타인을 이용해 자기만족을 얻으려는 사람이 가한 폭력의 피해자였음을 알게 된 겁니다. 무엇보다 그것이 힘의 관계를 악용한 일임을 알고 절대 용납할 수 없음을 깨달았기 때문이죠. 그래서 가해자를 처벌하고 정의를 이루겠다고 결심한 겁니다. 이것은 다시는 피해자가 되지 않겠다는 선언이기도 합니다.

피해자가 되지 않는 것이 중요한 또 다른 이유는 자신에게 가해진 폭력을 묵인하고 받아들이는 것이 곧 가해자에게 협력하고 다른 피해를 외면하는 일이 될 수도 있기 때문입니다. 피해자에게는 아주 혹독한 현실이죠. 자신을 지키기도 힘든데 다른 피해까지 신경을 써야 하니까요. 그런데 그 피해를 자기 가족이나 친구, 동료, 이웃이 당한다면 어떨까요? 그 또한 견디기 힘들 겁니다. 결국 자신과 주변 모두를 위해 폭력의 고리를 끊어야 합니다. 실제 많은 사람이 용기를 내어 폭력의 고리를 끊고 있습니다. 자신이 더는 피해자로 살지 않으려고 시작했지만 자연스럽게 다른 피해까지 막게 됩니다.

많은 사람이 더는 폭력의 피해자로 살지 않으려고 노력합니다. 때로 안전을 보장할 수 없는 위험한 상황을 감수하기도 합니다. 사람들은 그런 노력에 박수를 보냅니다. 그것이 결국은 정의를 실현하고 사회와 세상의 변화에 기여하는 행동이라고 확신하기 때문입니다. 자기 삶에서 폭력을 없애고 평화로운 삶을 이루려는 용기 있는 사람들 덕분에 세계도 우리 사회도 조금씩, 그리고 꾸준히 변화해왔고 지금도 변화하고 있습니다.

많은 사람이 여전히 폭력이 없는 평화로운 세상이 불가능하기 때문에 의미 없는 논의와 노력이라고 말합니다. 폭력이 많아지는 이유는 평화를 생각하는 사람이 많지 않기 때문입니다. 지레 겁을 먹고 포기하는 사람이 많기 때문입니다. 하지만 최종 목표를 이루는 일이 까마득하게 보일지라도 현재 자신과 주변 사람들의 삶에서 폭력을 없애는 것만으로도 충분히 의미 있는 일입니다. 가해자도 피해자도 되지 않음으로써 자신과 다른 사람들의 인간성을 회복하고 조금 더 평화로운 삶을 경험하는 것만으로도 충분히 가치가 있는 일입니다. 그것이 결국은 폭력을 줄이고 평화를 축적해가는 의미 있는 과정입니다.

2강

가짜뉴스의 공격, 무엇을 노리는가

가짜뉴스의 시대

2019년 2월 8일 국회의원회관에서는 한바탕 소동이 벌어졌습니다. 국회의원 두 명이 주최한 행사 때문이었습니다. 행사는 '5·18 진상규명 대국민공청회'였고, '북한군 개입 여부를 중심으로'라는 소제목이 붙었습니다. 행사 소식에 많은 사람이 몰려들었습니다. 특히 개인방송을 하는 사람들은 부지런히 행사 소식과 내용을 전했습니다. 개중에는 행사를 반대하고 막으려는 사람들도 있었습니다. 그들은 카드와 펼침막을 들고 목청껏 '반대'를 외쳤습니다. 행사를 찬성하는 사람들은 반대하는 사람들에게 몰려가 카드와 펼침막을 빼앗고 밀치면서 욕설을 퍼붓기도 했습니다. 행사장과 로비는 아수라장이 되었습니다. 사실 행사를 막거나 방해하는 것은 불가능했습니다. 불과 30여 명이 1,500명 이상을 상대할 수는 없었으니까요. 또 정식으로 허락을 받은 공식적인 행사였으니까요.

행사 제목을 보면 아무런 문제가 없어 보입니다. 꼭 해야 하는 공청회 같기도 합니다. 그러나 소제목이 말해주는 것처럼 행사는 불순한 의도로 계획되었습니다. 1980년 5·18 민주화운동이 사실은 광주시민들의 저항이 아니라 북한군이 개입해 저지른 일이었다고 주장하려는 속셈이었으니까요. 역사적 사실을 왜곡하고 공청회라는 공식적인 행사를 통해 조작된 정보를 퍼뜨리려는 것이었죠.

모두가 알고 있듯이 1980년 5월 광주에서는 공수부대가 민간인을 마구잡이로 잡아 구타하고 죽였습니다. 군사독재를 이어받아 정권을 잡으려는 전두환과 그를 따르는 군인들이 계엄령을 선포하고 민주화를 외치는 사람과 야당 정치인들을 협박하고 제거하기 위해 저지른 일이었습니다. 1995년 정부는 군인들의 공격과 학살에 맞선 광주시민들의 저항을 '5·18 민주화운동'으로 부르고 국가기념일로 제정했습니다. 1997년부터는 정부가 주관하여 기념행사를 치릅니다. 매년 대통령을 포함한 정부 고위직 인사, 정치인, 시민, 유족 들이 기념식에 참석해 당시 희생당한 사람들을 추모하고 광주시민의 저항정신을 되새깁니다. 그런데 자칭 '전문가'라는 사람이 당시 광주에 북한군 수백 명이 있었고 광주시민은 북한군의 게릴라전에 동원됐다고 주장했습니다. 그리고 그 말을 믿거나 믿고 싶은 사람들은 증거가 없는데도 그 같은 주장을 퍼뜨렸습니다. 1980년 당시 광주에서 일어났던 일을 담은 수많은 사진과 영상자료, 현장에 있었던 사람들의 무수한 증언이 있음에도 말입니다.

행사가 국회의원회관에서 치러졌다는 것은 매우 유감스러운 일이지만 법적으로는 문제가 없습니다. 또 민주주의 사회에서는 한 가지 사실에 대해 여러 가지 의견을 말할 수도 있습니다. 그러나 진실을 거짓으로 만들고 그로 인해 많은 사람의 명예를 훼손하는 것은 문제가 있습니다. 그것도 자신의 정치적 목적과 이익을 위해서 말입니다.

이 사건은 가짜뉴스 문제와 관련돼 있습니다. 사실은 '뉴스'라 할 수 없지만 편의상 일반적인 단어인 '가짜뉴스'라 부르기로 하죠. 가짜뉴스는 fake news라는 영어를 번역한 말인데, fake는 '위조한', '조작된' 등의 뜻을 가진 말입니다. fake news는 junk news라 불리기도 합니다. '잡동사니'나 '쓸데없는' 뉴스란 뜻이죠. 우리가 가짜뉴스로 부르는 것이 사실은 '뉴스'라는 말을 붙일 수 없는 조작된 정보임을 잘 말해줍니다. 가짜뉴스는 전 세계가 맞닥뜨린 문제입니다. 영국 콜린스 사전은 'fake news'를 2017년의 단어로 선정하기도 했습니다. 가짜뉴스가 이전 해보다 365%나 증가했기 때문입니다.

뉴스가 항상 사실을 전하는 건 아닙니다. '오보'가 있을 수도 있으니까요. 가짜뉴스는 오보와는 다릅니다. 오보는 뉴스를 쓰거나 전하는 사람이 틀린 정보라는 것을 알지 못합니다. 한마디로 실수를 하는 것이죠. 그러나 가짜뉴스를 만들고 전하는 사람은 자신이 틀린 정보를 다루고 있음을 잘 압니다. 일부러 정보들을 조작해 틀린 정보를 만들었으니까요. 가짜뉴스는 목적을 가지고 만들어지고 그런 목적 때문에 가짜뉴스를 만드는 사람은 퍼뜨리는 데도 적극적입니다.

공청회를 주최하고 거기에 참석한 국회의원, 그 자리에서 근거 없는 주장을 한 '전문가'라는 사람, 개인방송을 위해 온 사람 모두 가짜뉴스를 만들고 퍼뜨리는 사람들이었습니다. 왜 그런 일을 할까요? 일부에서는 정치와 관련해 흔히 있는 일이라고 가볍게 말하기도 합니다. 선거운동을 할 때는 온갖 소문과 부풀려진 정보가 넘쳐나니까요. 그렇지만 가짜뉴스는 그런 것들과도 근본적으로 다릅니다. 소문과 부풀려진 정보는 보통 자기를 홍보하기 위한 것입니다. 경쟁자의 흠을 잡는 경우도 있지만 그것은 대부분 특정 사실에 대한 '해석'에 방점이 찍혀 있습니다. 사실이 아닌 것을 퍼뜨리면 법적으로 처벌받게 되니까요. 그러나 가짜뉴스는 진짜뉴스처럼 보이게 하려고 심혈을 기울여 만듭니다. 그리고 그 목적은 누군가를 직접적, 간접적으로 공격하고 실제로 타격을 입히는 것입니다. 설사 가짜뉴스를 만들고 퍼뜨리는 사람에게 공격 목적이 없었다 할지라도 결과는 다르지 않습니다. 공격 목적이 없었다는 것은 객관적 사실이 아니라 가짜뉴스를 만들고 퍼뜨린 사람의 무지와 인식의 부재에서 비롯된 주관적 생각일 뿐입니다.

2018년 2월 경찰은 한 방송국 연출자와 연예인이 불륜 관계라는 가짜뉴스를 만든 3명과 퍼뜨린 6명을 입건했다고 발표했습니다. 가짜뉴스로 피해를 본 사람이 신고한 후 4개월의 수사 끝에 나온 결과입니다. 황당하게도 가짜뉴스를 만들고 퍼뜨린 사람들은 "범죄인 줄 몰랐다", "장난삼아 그랬다"는 등의 변명을 했습니다. 근거 없는 소문을 진짜처럼 만들려고 머리를 쥐어짜고 많은 사람에게 알리려고 사회관계망서비스에 올려놓고도 말입니다. 연예인과 관련된 가짜뉴스는 흔히 '지라시'라는 이름으로 불리며 사람들의 입에서 입으로, 요즘에는 사회관계망서비스에서 사회관계망서비스로 널리 퍼집니다. 그렇게 퍼질 줄 몰랐다고 변명하지만 사실 그런 조작 정보를 만들고 올리는 사람들은 가짜뉴스가 순식간에 퍼져나가는 것을 알고 있습니다. 시간과 에너지를 들여 만들고 퍼뜨리는 이유도 널리 퍼지기를 바라기 때문입니다. 그렇게 해서 자신이 별로 좋아하지 않거나 싫어하는 사람에게 피해가 가기를 기대합니다.

2018년 10월에는 제주퀴어문화축제와 관련한 가짜뉴스가 만들어졌습니다. 행사를 주최하는 쪽의 차량이 반대 집회에 나온 목사를 그냥 밀고 지나가서 119가 출동했고 목사가 의식불명에 빠졌다는 내용이었습니다. 그러나 사실은 목사가 스스로 차 밑으로 들어갔고 사람들이 끌어내려고 해도 나오지 않았습니다. 이런 상황을 담은 영상이 공개되자 가짜뉴스를 만들어 퍼뜨린 사람들은 내용을 수정했습니다. 하지만 수정되기 이전의 글은 이미 많은 사람에게 퍼져나갔습니다. 가짜뉴스를 만든 사람들은 성소수자의 존재를 거부하고 그들의 권리 운동을 반대하는 사람들이었습니다. 퀴어행사와 성소수자들에게 피해를 주려고 가짜뉴스를 만든 것이죠. 나중에 내용을 수정했지만 가짜뉴스는 이미 퍼져나갔으니 이들은 결국 목적을 달성했습니다.

5·18 민주화운동, 불륜, 퀴어행사와 관련된 가짜뉴스는 언뜻 서로 관계가 없어 보입니다. 역사와 정치, 개인사, 사회 문제 및 갈등은 파급력과 사회 전체의 중요도 면에서 차이가 있는 것이 사실이니까요. 그런데 한 가지는 분명합니다. 그로 인해 구체적이고 치명적으로 피해를 보는 사람들이 있다는 것입니다. 그리고 그것이 바로 가짜뉴스를 만들고 퍼뜨리는 사람들의 목적입니다.

폭력의 도구가 되는 가짜뉴스

가짜뉴스를 만드는 데에는 여러 가지 목적이 있습니다. 우리가 아는 많은 가짜뉴스가 정치적 목적으로 만들어집니다. 가짜뉴스가 우리 사회에 깊이 침투하고 '가짜뉴스'라는 말이 우리에게 경각심을 불러일으킨 것은 박근혜 정권 말기부터였습니다. 당시 박근혜 탄핵과 정권의 비리를 호도하기 위해 문제를 지적하는 시민, 단체, 언론, 정치인을 공격하고 비난하는 온갖 가짜뉴스가 만들어졌습니다. 그때부터 지금까지 정치와 관련된 대부분의 가짜뉴스는 민주주의 사회를 부정하며 극단적 보수정치를 옹호하고 재건하기 위해, 그리고 지지자들을 모으고 세력을 확산하려는 목적으로 만들어집니다. 가짜뉴스를 만드는 데에는 경제적 목적도 있습니다. 가짜뉴스를 만드는 사람들 대부분이 가짜뉴스로 돈을 법니다. 정치적 신념이나 목적으로 만들었더라도 보는 사람이 많아지면 경제적 이익이 따릅니다. 경제적 이익을 얻으려고 정치적 목적을 이용하는 일도 가능합니다. 정치와 관련된 가짜뉴스 생산자들은 부인하겠지만 그들에게 경제적 목적이 있다는 것은 쉽게 짐작할 수 있습니다.

문화적 목적은 보통 간과되지만 사실 가장 중요한 점입니다. 특정 사안에 대한 글을 쓰고 영상을 만드는 것은 문화 활동에 해당합니다. 아주 형편없는 수준이지만 어쨌든 디지털 정보인 '콘텐츠'를 생산하는 일에 해당되니까요. 사실 요즘 세상에서는 가장 영향력이 큰 문화 활동 중 하나이지요. 문화 활동은 대중의 생각과 마음을 움직이는 일입니다. 또 생활양식과 행동양식, 그것의 정신적 토대가 되는 세계관, 가치관, 철학 등에 영향을 미치는 일이죠. 모든 가짜뉴스가 이런 목적을 가지고 있습니다. 그러지 않으면 가짜뉴스를 만드는 의미가 없습니다. 자기 혼자 보려고 가짜뉴스를 만드는 사람은 없습니다.

유감스럽게도 '가짜뉴스'라는 말은 가짜뉴스의 중요한 본질을 보지 못하게 합니다. '뉴스'라는 말 때문에 가짜뉴스의 문제가 왜곡된 언론이나 보도인 것처럼 착각하게 만드니까요. 사실은 '뉴스'란 이름을 붙일 수 없는 경우가 대부분인데도 말입니다. 우리가 초점을 맞춰야 할 가짜뉴스의 본질은 그것이 누군가를 해치기 위해 만들어진다는 점입니다. 정치적, 사회적 파장이나 영향력이 덜하고 개인에게 초점이 맞춰진 가짜뉴스나 조작 정보는 때로 '지라시'나 '가십'으로 불리기도 합니다. 이 말들 또한 본질을 보지 못하게 합니다. 마치 사적인 내용이므로 가볍게 취급해도 되는 문제로 착각하게 만드니까요. 가짜뉴스의 가장 큰 문제는 그것이 누군가에게 피해를 주는 폭력의 도구가 된다는 점입니다.

가짜뉴스를 폭력의 도구로 볼 수 밖에 없는 몇 가지 이유를 살펴보겠습니다.

맨 먼저 가짜뉴스가 있는 곳에는 항상 가해와 피해가 존재하기 때문입니다. 폭력이 존재한다는 것은 가해와 피해, 즉 가해자와 피해자가 있음을 의미합니다. 가짜뉴스를 만들고 퍼뜨리는 사람들의 목적은 특정 대상에게 피해를 주는 것입니다. 피해를 주기 위한 도구로 가짜뉴스를 적극적으로 이용하는 것이죠. 이것은 안전한 방법이기도 합니다. 직접 때리거나 욕을 하면 처벌받을 수 있지만 가짜뉴스를 이용하면 '뉴스'로 가장하고 '표현의 자유'를 주장할 수 있어서 처벌받을 염려도 줄어듭니다. 아직까지 우리 사회에서는 말입니다.

다음으로 가짜뉴스로 직접 이익을 보는 사람이 있기 때문입니다. 폭력이 생기는 이유는 누군가 자신의 이익을 위해 다른 사람에게 해를 입히기 때문입니다. 가짜뉴스를 생산하고 유포하는 사람들도 마찬가지로 이익을 얻으려는 목적이 있습니다. 그것이 정치적 신념을 전파하고 지지 정당의 세를 확대하는 것이든, 구독자와 지지자를 늘려 경제적 이익을 얻으려는 것이든, 싫어하고 미워하는 누군가에게 타격을 줌으로써 만족감과 우월감을 얻는 것이든 모두 자기에게 이익이 됩니다. 피해를 주고 동시에 이익도 얻기 위해 가짜뉴스를 이용하는 것이죠. 가짜뉴스는 생각보다 파급력과 영향력이 커서 생산자와 유포자는 물론 그들에게 동조하는 사람들에게도 이익을 줍니다. 자기가 싫어하고 증오하는 누군가에게 피해를 주고 그로 인해 '기쁨'을 느끼니까요. 하지만 그런 사람들까지 밝혀내기는 쉽지 않습니다.

마지막으로 구체적인 피해가 존재하기 때문입니다. 그 피해는 때로 예상을 뛰어넘고 어디까지 확대될지 누구도 알 수 없습니다. 가장 잘 드러나는 피해는 공격의 대상이 된 사람이 다른 사람의 입에 오르내리고 비난을 받으면서 일상이 무너지는 것입니다. 피해자는 자신이 하지 않았거나 잘못 알려진 일 때문에 사회적 지위와 명성에 흠집이 생기거나 가족과의 관계가 파괴되기도 합니다. 가짜뉴스라는 것을 밝히려고 많은 시간과 에너지를 쏟고 신체적, 정신적으로 피폐해지기도 합니다. 심지어 일파만파 번지는 가짜뉴스를 감당하지 못해 자살하는 경우도 있습니다. 이것은 가짜뉴스가 단순히 몇 마디 말과 짧은 영상에 머물지 않고 무한대의 파급력을 가진 폭력의 도구가 된다는 것을 잘 보여줍니다.

특정 개인의 직접적, 간접적 피해에 더해 결코 간과할 수 없는 다른 피해도 있습니다. 공동체와 사회 전체가 입는 피해입니다. 누군가를 공격하고 피해를 주려고 생산되고 유포되는 가짜뉴스의 존재와 증가는 공동체나 사회가 얼마나 폭력적인지를 보여줍니다. 아울러 구성원들이 얼마나 폭력에 둔감한지를 보여줍니다. 근거와 논리가 빈약하거나 내용의 사실 여부를 확인할 수 없는 가짜뉴스를 보고 다른 사람과 공유하는 것이 누군가에게 폭력이 되고 피해를 준다는 것, 그리고 자신이 그 폭력에 가담하는 것이 된다는 사실을 알지 못하거나 관심이 없다는 말이니까요. 다른 한편 가짜뉴스에 무관심한 것 또한 폭력을 묵인하는 일이 된다는 사실을 모르는 것이니까요. 그렇게 폭력에 둔감한 사람이 많기 때문에 가짜뉴스가 늘어나고, 가짜뉴스가 늘어나기 때문에 폭력에 더 둔감해지는 일이 반복됩니다. 그러니 가짜뉴스를 생산하고 유포하는 문제와 함께 소비하고 방관하는 문제도 폭력과 평화적 공존의 관점에서 사회가 함께 고민해야 하는 문제입니다.

문화적 폭력의 위험성

이슬람 수니파 극단주의 무장단체인 IS Islamic State의 등장과 확산은 여러 가지 면에서 전 세계에 큰 충격을 주었습니다. IS는 여러 이름으로 불립니다. 미국과 서방 언론은 IS가 국가를 천명하기 전에 내세운 이름인 ISIS Islamic State of Iraq and Syria, 또는 ISIL Islamic State of Iraq and the Levant로 부릅니다. 레반트는 옛 시리아 지역을 일컫는 말입니다. 2013년에 등장한 IS는 시리아 북부와 이라크 중북부의 일부 지역을 장악하고 2014년 6월 스스로를 이슬람국가, 즉 IS라 불렀습니다. 그 후 급속도로 세력을 확대했고 전 세계적으로 활동하며 테러 공격을 지휘하는 막강한 세력이 됐습니다. 그러나 2014년 말부터 시작된 이라크군, 쿠르드·아랍연합군, 시리아민주군, 미국 주도 연합군의 공격으로 2019년 초에는 거의 전멸 상태에 이르렀습니다. 하지만 잔류 대원들이 언제 어디서 다시 세력을 만들지 누구도 알 수 없습니다. 그것이 바로 IS와 같이 전 세계를 무대로 활동하는 무장세력의 특징이니까요.

IS는 두 가지 면에서 특히 충격적이었습니다. 하나는 잔혹함이었고, 다른 하나는 그런 잔혹함에도 전 세계에서 IS에 합류하는 사람이 많았다는 것입니다. 이 두 가지는 서로 연결돼 있습니다. IS는 자신들의 힘을 과시하고 세계를 위협하기 위해, 그리고 무력으로 세상을 바꾸기 원하는 사람들을 끌어모으기 위해 미디어 콘텐츠를 잘 이용했습니다. 우리 일상에서 이제는 떼려야 뗄 수 없는 것이 돼버린 바로 그것 말입니다. 참수하는 영상을 전 세계에 보여주고, 극단적인 이슬람 세상을 이루기 위해 전 세계 이교도를 말살하겠다는 목표와 의지를 분명히 드러냈습니다. 수천 개의 사회관계망서비스 계정을 이용해 IS에 동조하는 사람들에게 접근하고 합류를 설득했습니다. IS 대원은 3만 5천 명 정도로 알려졌는데 그중 2만 5천 내지 3만 명이 시리아와 이라크가 아닌 나라에서 합류한 것으로 알려졌습니다. 2015년 통계로 대원들의 출신국은 85개국에 달했습니다. 서방국가, 그러니까 정치·경제 선진국이라고 알려진 영국, 프랑스, 네덜란드, 덴마크, 오스트리아, 스웨덴, 스페인, 미국 출신도 합류했습니다. 이들의 수는 3천 명 정도였습니다.*

IS는 그들이 장악한 곳에서도 견고한 지지 세력을 만들었습니다. 2014년 6월 IS의 수도 라까를 촬영한 다큐멘터리를 보면 그 '비결'을 대충 짐작할 수 있습니다. 가장 인상적인 장면 중 하나는 벨기에에서 아들을 데리고 합류한 남자가 예닐곱 살로 보이는 아들에게 IS의 구성원임을 반복적으로 말하게 하고, "이교도를 죽이는 지하드 전사가 되겠다."라는 말을 시키는 모습이었습니다. 강에서 수영을 하던 10대 초반 남자아이들도 "IS를 위해 목숨을 바치고 이교도를 죽이겠다."라고 결연하게 말합니다. 어떻게 아이들까지 이런 생각을 하게 되었을까 의

* National Bureau of Economic Research, "Where Are ISIS's Foreign Fighters Coming From?" 참고.

아했는데 다른 장면을 보고서야 궁금증이 풀렸습니다. IS는 주민들에게 극단적으로 해석한 이슬람법을 강요하고, 광장과 모스크에서 IS와 지도자에게 충성을 맹세하게 합니다. 무서워서 따르는 사람들도 있겠지만 많은 사람이 IS가 이룩할 세상에서 잘살게 될 것이라 믿으며 IS와 알바그다디에게 환호합니다. 그러기 위해 IS의 억압적 통치 방식, 전쟁, 테러를 당연하게 생각하고 수용합니다.*

위의 사실은 IS가 사람의 마음을 움직이고 생각을 지배하기 위해 공을 많이 들였다는 것을 말해줍니다. 그래야만 세력을 유지하고 확대할 수 있기 때문입니다. 이 모든 것을 설명하는 키워드는 '문화적 폭력cultural violence'입니다. 앞에서 얘기한 가짜뉴스도 문화적 폭력의 개념을 적용해 설명할 수 있습니다.

요한 갈퉁은 문화적 폭력을 종교, 사상, 언어, 예술 같은 문화의 형태로 가해지는 것으로 정의합니다. 이 정의에 따라 별, 십자가, 초승달 같은 종교적 상징, 국기, 국가, 군사 행진, 지도자의 초상, 선동적 연설과 포스터 등 다양한 것이 문화적 폭력의 도구가 된다고 설명합니다. 종교와 관련해서는 "선택된 자와 선택되지 않은 자", "신의 사람과 신의 사람이 아닌 자", "진실한 신자와 이단자 및 이교도"를 구분하는 것을 문화적 폭력의 예로 들고 있습니다. 그 결과로 특정 종교에 의한 "민족주

* Vice News, *The Islamic State* 참고.

의 및 제국주의", "이단자 및 이교도 탄압"이 나타나게 된다는 것이 갈퉁의 설명입니다.[**]

문화적 폭력에 대한 갈퉁의 설명은 사람의 마음과 생각을 움직이고 지배하기 위한 IS의 교육과 통치 방식을 잘 이해하게 해줍니다. IS는 지도자와 그의 초상, IS 깃발, 극단적인 종교적 가르침 등을 동원해 IS의 주장을 진리로 만들고 그것을 따르는 것이 곧 이슬람을 제대로 믿는 것이라고 말합니다. 또한 이슬람에 반대하거나 이슬람을 믿지 않는 '이교도'를 죽이고 이슬람 세상을 이룩하는 것이 모든 이슬람 신자의 사명이며, 그러기 위해서는 수단 방법을 가리지 말고 이교도를 제거해야 한다고 교육합니다. 이런 논리와 주장에 따르면, 이교도가 탄압받고 심지어 목숨을 잃는 것은 폭력을 행사한 IS 대원이나 테러범의 문제가 아니라 이교도이거나 이슬람으로 전향하지 않은 그들의 책임입니다. 이렇게 세상을 바라보고 해석하는 종교적, 정치적 주장과 논리, 가르침은 모두 문화의 형태로 분류됩니다. 그리고 그것을 통해 사람을 교육하고 억압하고 강제하는 것은 문화적 폭력이 됩니다.

IS의 사례는 문화적 폭력이 얼마나 위험한지를 잘 보여줍니다. IS처럼 극단적이지는 않지만 문화적 콘텐츠를 통해 사람의 마음과 생각을 지배하고, IS처럼 잔혹하지는 않지만 치명적인 폭력을 가하는 일이 우

** Johan Galtung, "Cultural Violence", *Journal of Peace Research* 27:3(1990), pp. 291~305.

리 주변과 세계 곳곳에서 벌어집니다. 특히 요즘 가장 주목해야 하고 무엇보다 위험한 문화적 폭력의 형태는 사람의 생각을 지배하고 그를 통해 이익을 취하려고 사이버공간에서 생산되고 유포되는 담론과 다양한 콘텐츠입니다. 기본적으로 IS가 만들었던 것과 크게 다르지 않은 것들입니다. 가짜뉴스가 바로 그런 것 중 하나입니다. 그런 담론과 콘텐츠는 여러 사회 문제가 잘 해결되지 않거나 법과 규제가 충분치 않아 발생한 문제로 지적되곤 합니다. 그렇지만 평화의 시각으로 보면 새로운 문화적 폭력의 도구와 형태가 시대에 맞게 개발돼 확산되고 있음을 의미합니다. 사실 IS가 전 세계적으로 동조자들과 협력을 맹세하는 무장세력을 모으고, 세계 곳곳에서 테러를 통해 세력을 과시할 수 있었던 것 또한 이런 새로운 문화적 폭력의 도구와 형태를 개발해 적극적으로 이용했기 때문입니다.

문화적 폭력의 사례는 IS와 같은 극단적인 경우만 있는 것이 아닙니다. 2015년 말부터 2016년까지 우리 사회는 중고등학교 한국사 국정교과서 발행 문제로 시끄러웠습니다. 정부가 기존 교과서들에 '좌편향'의 내용이 많다면서 국가가 발행하는 한 가지 한국사 교과서로 학생들을 가르치겠다고 결정했기 때문이었습니다. 학교는 여러 한국사 교과서 중 하나를 선택할 수 있는데 그 선택권을 빼앗겠다는 것이었습니다. 그런데 이 문제의 핵심은 정권의 입맛에 맞는 교과서를 만들고 그것을 학생들에게 교육하겠다는 것이었습니다. 특정 역사 내용과 해석을 강

IS의 사례는 문화적 폭력이 얼마나 위험한지를 잘 보여줍니다. IS처럼 극단적이지는 않지만 문화적 콘텐츠를 통해 사람의 마음과 생각을 지배하고, IS처럼 잔혹하지는 않지만 치명적인 폭력을 가하는 일이 우리 주변과 세계 곳곳에서 벌어집니다. 특히 요즘 가장 주목해야 하고 무엇보다 위험한 문화적 폭력의 형태는 사람의 생각을 지배하고 그를 통해 이익을 취하려고 사이버공간에서 생산되고 유포되는 담론과 다양한 콘텐츠입니다. 기본적으로 IS가 만들었던 것과 크게 다르지 않은 것들입니다. 가짜뉴스가 바로 그런 것 중 하나입니다.

요하고 그를 통해 보수 성향 정부의 정치 방향과 신념을 수용하게 만들겠다는 것이었죠. 그것은 미래에까지 정치권력을 유지하기 위해 역사교육을 이용하겠다는 뜻이기도 했습니다. 이에 90%가 넘는 역사 교사들과 학자들이 국정교과서를 반대했습니다. 일반 국민도 절반 이상이 반대했습니다. 제대로 된 집필진을 구성하지 못해 부실하게 만들어진 한국사 국정교과서는 결국 사용되지 못했습니다. 그리고 정권이 바뀐 후인 2017년 5월 폐지됐습니다. 다행히 학생들에게 특정 역사 해석과 정치 이념을 주입하고 강요하는 문화적 폭력을 막을 수 있었습니다.

문화적 폭력에 사회적 사례만 있는 것은 아닙니다. 우리 일상에서도 다양한 사례를 찾을 수 있습니다. 그중 가장 쉽게 찾을 수 있는 것이 가장이나 어른이 절대적인 힘을 가지고 다른 가족의 복종을 강요하는 가부장적 문화입니다. 우리 사회의 대다수가 익숙한 것이죠. 흥미로운 것은 이것이 가족 내에만 국한되지 않는다는 것입니다. 가부장적 문화는 우리가 소속돼 활동하는 거의 모든 영역에 퍼져 있습니다. 어렸을 때는 가족과 학교 안에서, 성인이 돼서는 직장, 단체, 동호회 내에서 가부장적 문화를 교육받고 강요당합니다. 가부장적 문화를 강조하기 위해 유교문화, 한국문화, 집단주의문화, 공동체성, '우리' 정서, 소속감 등 관련된 여러 담론과 주장이 동원됩니다. 물론 목적은 가부장적 문화를 수용하고 따르도록 마음과 생각을 바꾸고 견고하게 만드는 것입니다. 가부장적 문화 안에서 편하게 생활하고 대우를 받으려는 사람들이 이런 일을 주도합니다.

문화적 폭력은 인간 역사에서 계속 존재했습니다. 누군가를 지배하고 그를 통해 권력을 잡고 물질적, 정신적 이익을 얻으려는 사람이 항상 있었기 때문이죠. 사람은 시대에 맞는 문화적 폭력의 도구를 개발했습니다. 중세시대에는 가톨릭 신앙, 교회, 교황, 계급문화, 군주, 가문이나 집단의 문장 등이 문화적 폭력의 도구가 됐습니다. 20세기 독재자들은 민족주의, 인종차별 과학, 경제개발, 국가안보, 종교적 가르침, 정치적 상징과 인물 등을 이용했습니다. 요즘은 다양한 담론과 미디어 콘텐츠가 자주 동원됩니다. 과거에도 현재에도 우리는 이 모든 것을 시간이 지남에 따라 자연스럽고 당연하게 받아들입니다. 이렇게 사람의 마음과 생각을 지배하는 문화적 폭력은 은밀하고 교묘해서 밝혀내기가 쉽지 않습니다.

문화적 폭력의 피해자

문화적 폭력은 사람의 마음과 생각을 움직이고 지배하려는 목적으로 이루어지기 때문에 가장 무서운 폭력이라고 할 수 있습니다. 그것이 무서운 또 다른 이유가 있습니다. 문화적 폭력은 구조적, 직접적 폭력을 정당화하는 토대가 되고 지속적으로 자양분을 제공한다는 것입니다. IS의 사례를 볼까요? IS는 이슬람 세상을 이루기 위해 이교도를 말살하는 성전, 곧 성스러운 전쟁을 해야 한다는 주장과 담론, 극단적 종교적 가르침을 강요하는 문화적 폭력을 서슴지 않습니다. 이런 문화적 폭력은 이슬람 율법을 지키지 않는 사람을 체포하고 처벌하는 사법구조와 어린이에 대한 군사훈련 같은 폭력적 구조를 정당화하고 심지어 사회적으로 인정받게 합니다. 그리고 이런 폭력적 구조를 통해 '이교도'라는 사람들을 참수하고 세계 곳곳에서 무차별적으로 죽이는 자살테러, 즉 사람의 생명과 신체를 위협하는 직접적 폭력을 가합니다. 그러니 문화적 폭력을 확인하고 분석하면 어떤 구조적, 직접적 폭력이 일어날지 알 수 있습니다.

앞에서 얘기한 한국사 국정교과서와 가부장적 문화의 사례도 마찬가지입니다. 문화적 폭력의 토대가 마련되면 그것을 근거로 사회와 집단의 구조를 이용한 구조적 폭력이 이루어지고 누군가의 생명과 신체적 안전을 위협하는 직접적 폭력으로까지 이어집니다. 문화적 폭력의 토대가 굳건히 이루어지면 국가, 사회, 공동체, 가족 안에서 폭력의 가해와 피해가 생기고 만연해지는 겁니다.

5·18 민주화운동과 관련된 가짜뉴스도 명백하게 문화적 폭력의 도구가 됩니다. 누군가를 공격하기 위해 만들어지는 가짜뉴스는 기본적으로 자기 이익을 위해 대중의 마음과 생각을 움직이고 지배하려는 목적을 가지고 있으니까요. 가짜뉴스를 믿는 사람과 정치인들은 가짜뉴

스에 근거해 국회의원회관에서 공청회를 열었습니다. 그것은 가짜뉴스가 '정당한' 방식을 동원해 국회라는 구조까지 움직였음을 보여줍니다. 5·18 당시 희생됐던 시민들과 생존자들의 존재를 거부하고 비난하는 일은 당사자들에게는 더없이 폭력적인 일이죠. 국회는 의도하지 않았지만 피해자들에게 폭력을 행사하는 구조가 됐습니다. 공청회를 반대하는 사람들에게 폭언과 폭행을 가했던 사람들은 가짜뉴스에 근거해 자신들의 행동, 즉 직접적 폭력을 정당화했습니다.

문화적 폭력의 가해자는 다른 폭력의 가해자와 다르지 않습니다. 자기 이익을 위해 다른 사람을 억압하고 이용하지요. 그런데 피해자를 보면 좀 복잡해집니다. 가짜뉴스라는 도구로 가해지는 문화적 폭력의 피해자는 누구일까요? IS가 자행하는 문화적 폭력의 피해자는 누구일까요? 또 가부장적 문화라는 문화적 폭력의 피해자는 누구일까요? 물론 단순하게 생각하면 가짜뉴스의 내용과 교묘한 설득에 넘어가 그것을 믿게 된 사람들이 피해자입니다. 또 IS의 비뚤어진 사상과 반복적 교육 때문에 '이교도를 죽이는 전사가 되겠다'고 결심하게 된 사람들이 피해자입니다. 가부장적 문화에서 태어나 자라면서 그것을 당연하게 받아들여 곧이곧대로 따르고 지키게 된 사람들이 피해자입니다.

거기서 끝일까요? 아닙니다. 유감스럽게도 피해자 중 상당수는 폭력의 가해자가 됩니다. 가짜뉴스로 인해 마음과 생각이 바뀌어 결국 그 모든 내용을 믿게 된 사람들은 가짜뉴스를 생산한 사람들에게 동조해 다른 사람을 공격하고 가짜뉴스를 퍼뜨리는 일에 적극적으로 가담합니다. IS의 교묘한 문화적 폭력에 노출된 사람들은 직접 참수하고 자살 폭탄 테러로 무고한 사람을 죽이는 가해자가 됩니다. 가부장적 문화에서 자라 그것을 숭배하게 된 사람들은 다른 사람을 지배하는 위치에 올라가면 자신이 그랬던 것처럼 절대적인 복종과 침묵을 요구합니다.

2016년 말 당시 대통령이었던 박근혜에 대한 탄핵 주장이 전국을 휩쓸었을 때 상당히 많은 사람이 태극기를 들고 집회를 열었습니다. 그들은 객관적으로 증명된 것을 모두 부인하며 박근혜 구하기에 나섰습니다. 온갖 가짜뉴스와 비상식적인 주장으로 탄핵을 지지하는 대다수 시민을 공격하고 박근혜는 잘못한 것이 없다며 목소리를 높였습니다. 특히 많은 노인이 태극기 집회에 참석했습니다. 사람들은 거짓과 억지 주장을 일삼는 노인들에게 분노하는 한편 가짜뉴스에 속아 넘어간 대다수 노인을 측은하게 여겼습니다. 가정과 사회에서 소외된 노인들이 자신을 인정해주는 태극기 집회 주도자들에게 넘어갔다고 생각했기 때문입니다. 그런 노인들은 분명히 피해자입니다. 그런데 그게 다가 아닙니다. 그들은 가짜뉴스를 열심히 퍼나르는 부류가 됐습니다. 시민과 경찰에게 폭언을 퍼붓고 폭행을 하기도 했습니다. 가해자가 된 것입니다.

2019년 2월 IS가 쇠퇴하면서 IS 점령지에 살던 많은 사람이 탈출하거나 붙잡혔습니다. 그중 IS에 합류했다가 아이들과 함께 탈출한 여성들에게 세계의 이목이 집중됐습니다. 한 영국 여성은 15세 때인 2015

년에 집과 모국을 떠나 IS에 합류했습니다. 그녀는 이제 아이와 함께 영국으로 돌아가고 싶다고 했습니다. 한 미국 여성은 19세 때인 2014년에 역시 자발적으로 IS에 합류했고 아들과 함께 난민 캠프에 머물게 됐습니다. 그녀도 아이와 함께 미국으로 돌아가고 싶다고 했습니다. 그러나 영국과 미국 정부는 IS에 자진 합류한 그들의 시민권을 박탈하고 귀국을 거부했습니다. 그들은 모두 IS의 주장과 왜곡된 종교적 가르침에 속아서 IS에 합류하고 IS 대원들과 결혼했습니다. IS에 속은 것을 따지면 둘 다 피해자입니다. 그런데 거기서 끝나지 않습니다. 미국 여성은 2016년까지 사회관계망서비스를 통해 IS에 동조하는 미국인에게 "차를 몰고 나가 미국인을 살해하라."라고 선동했습니다. 영국 여성도 쓰레기통에서 참수당한 사람의 머리를 보고 '이슬람의 적'이기 때문에 놀라지 않았다고 말했습니다. 그 여성이 미국 여성처럼 IS의 선동에 직접 참여했는지는 알 수 없습니다. 그렇지만 집을 나가 IS에 자진 합류하고 대원과 결혼함으로써 영국 출신이지만 IS의 주장을 지지한다는 것을 세계에 보여줬고 다른 사람들도 합류하게 했습니다. 가해에 가담한 것입니다. 현재 그들의 참회와는 별개로 그들은 피해자였지만 동시에 가해자였던 겁니다.

문화적 폭력과 관련해 가장 중대하고 심각한 점은 피해를 보면서도 그 사실을 깨닫지 못한다는 겁니다. IS에 합류한 사람들은 자신의 피해를 깨닫지 못했습니다. 가짜뉴스를 믿는 사람들도, 가부장적 문화에 젖은 사람들도 마찬가지입니다. 오히려 문화적 폭력의 도구로 이용된 잘못된 사상과 가르침, 조작된 정보, 비뚤어진 관습을 적극적으로 수용하고 지지합니다. 더 끔찍한 것은 피해자에 머물지 않고 그것들을 적극 실현하기 위해 가해자가 되는 것입니다. 많은 사람이 나중에 자신의 잘못을 깨닫고 후회합니다. 하지만 자신이 피해자에서 가해자로 변해 저지른 일은 사라지지 않습니다.

문화적 폭력에 대응하는 현명한 방법은 모든 것을 자기 눈과 생각으로 확인하고 재해석하는 것입니다. 끊임없이 질문을 던져야 합니다. 요즘은 특히 사이버공간에 넘쳐나는 다양한 담론과 콘텐츠에 주의를 기울여야 합니다. 그것들이 문화적 폭력의 도구가 되는지 주시해야 합니다. 너무 익숙해져서 대수롭지 않게 넘기고 둔감해지는 것을 경계해야 합니다. 그것들이 사람의 생각과 마음을 움직이고 지배하는 문화적 폭력이 될 수도 있으니까요. 그리고 자기도 모르게 그런 폭력에 가담하게 될 수도 있으니까요.

3강

난민은 왜 밉상이 되었는가

난민, 최악의 '이방인'이 되다

2018년 5월 3일자 〈제주신보〉에 "중동 출신 예멘인 78명 왜 제주에 왔나?"라는 제목의 기사가 실렸습니다. 제주도에 예멘 난민 입국이 점점 증가한다는 내용이었죠. 예멘 난민에 대한 첫 보도였습니다. 기사를 쓴 기자는 제주국제공항의 한 항공사 카운터에서 근무하는 동창생으로부터 예멘 사람들이 하루에 수십 명씩 들어온다는 얘기를 듣고 취재에 나섰다고 합니다. 기사를 내보내기 전날인 5월 2일에도 예멘인 78명이 도착했습니다. 기사는 예멘인들이 전쟁을 피해서 온 난민이며 이미 168명이 들어왔다고 밝혔습니다.

예멘 내전은 우리에게 잘 알려지지 않은 전쟁입니다. '아랍의 봄' 여파로 2012년 예멘에서는 1978년부터 장기 집권했던 알리 압둘라 살레Ali Abdullah Saleh 대통령이 축출되고 그 뒤를 부통령이었던 압드라부 만수르 하디Abdrabbuh Mansur Hadi가 이어받았습니다. 하디 정권은 만성적인 부패와 실업, 식량부족 문제에 시달렸습니다. 정치적 불안 속에서 북부의 후티Houthi 무장세력은 대중의 지지에 힘입어 예멘 전체를 장악하려고 시도했습니다. 후티 반군의 공격으로 하디 대통령은 2015년 3월 결국 해외로 도피했고 내전이 본격적으로 시작됐습니다. 그러자 후티 반군이 이슬람 시아파인 이란의 지원을 받는다고 의심한 사우디아라비아를 포함한 9개 수니파 아랍국가 연합군이 예멘 정부군을 지원하면서 내전에 개입했습니다. 미국과 영국, 프랑스는 아랍 연합군에게 정보와 병참을 지원했습니다. 예멘 내전에는 이렇게 여러 나라의 이익이 복잡하게 얽혀 있습니다. 심지어 급진 이슬람 무장세력인 알카에다와 IS까지 발을 들여놓았습니다.

예멘 내전은 최악의 인도적 재난을 야기했습니다. 2015년 3월부터 2018년 3월까지 만 명 이상이 사망했고 부상자까지 합치면 4만 명이 넘는 인명피해가 발생했습니다. 유엔은 피란민이 3백만 명 이상 발생했고 그중 28만 명 이상은 홍해를 건너 북아프리카의 지부티나 소말리아 등 다른 나라로 피신해 난민 지위를 신청했다고 밝혔습니다. 떠나지 못한 사람들은 지옥 같은 삶을 살았습니다. 하루에 150명 정도가 사망하고 폭격 때문에 병원의 환자와 의료진까지 수시로 피신해야 했습니다. 전쟁으로 식량, 의료, 위생 상황은 갈수록 악화됐습니다. 유엔은 예멘 인구의 75%인 약 2천2백만 명이 식량 부족과 안전 등 인도적 재난 상황에 직면해 있다고 밝혔습니다.

예멘이라는 나라가 생소해서인지 예멘 난민에 대한 기사에 사람들은 별 관심을 보이지 않았습니다. 기자는 5월 24일 후속으로 르포 기사를 썼습니다. 한 호텔에 예멘 난민 120명이 머물고 있음을 확인했고 그들로부터 직접 제주에 온 이유와 생활의 어려움을 들었습니다. 예멘인들은 난민 지위를 신청한 상태였지만 인력과 경험이 부족한 행정기관은 제대로 대응하지 못하고 있었습니다. 이상하게도 상세한 후속 보도 역시 주목을 받지 못했습니다. 그런데 6월 초가 되면서 중앙 언론들이 관심을 보이기 시작했습니다.

중앙 언론이 보도를 시작하자 상황은 급변했습니다. 사람들은 난민에 대해 폭발적인 관심을 보였고 당황스러울 정도로 부정적인 시각을 드러냈습니다. 제주도의 500명이 웃도는 예멘 난민은 금세 가장 위험한 사회 문제가 됐습니다. 사실 예멘 난민은 2016년부터 제주에 들어왔습니다. 2018년에는 560명이 들어왔고 그중 540명이 난민 지위를 신청했습니다. 그리고 그중 일부는 이동 제한 조치가 내려지기 전에 제주도 밖으로 이동했고 난민 지위 신청을 철회한 사람도 있었습니다. 그래서 최종적으로 484명이 제주에 머물면서 난민 심사를 받게 됐습니다.

사람들은 예멘 난민들로 인해 당장이라도 큰일이 벌어질 것처럼 호

들갑을 떨면서 공포와 증오를 드러냈습니다. 사회 곳곳에 존재하는 외국인 공포 또는 혐오라 불리는 제노포비아xenophobia와 비슷하게 보였지만 그것과는 분명 달랐습니다. 거기에는 두 가지 이유가 있었습니다. 하나는 제주도의 예멘인들이 외국인 노동자나 결혼 이주자가 아니라 '난민'이라는 것이었고, 다른 하나는 그들의 신앙이 '이슬람'이라는 것이었습니다. 두 가지 정체성에 근거해 사람들은 예멘인들을 공포와 증오의 대상으로 여겼습니다.

곧 조직적인 행동이 시작됐습니다. 6월 13일 청와대 국민청원 게시판에는 '제주도 불법 난민 신청 문제에 따른 난민법, 무사증 입국, 난민신청허가 폐지/개헌 청원'이 올라왔습니다. 이 청원은 폭발적인 지지를 받았고 한 달 동안 무려 714,875명이 참여했습니다. 6월 30일에는 난민 수용에 반대하는 1차 거리집회가 열렸습니다. 집회 참여자들은 "국민이 먼저다"라며 예멘 난민 강제 송환과 난민법·무사증제도의 폐지를 촉구했습니다. 집회는 그 후에도 계속됐고 다른 한쪽에서는 매번 반대하는 집회가 이어졌습니다.

청원과 집회에 참여한 사람들의 주장은 왜곡되었고 불가능한 일이었습니다. 몇 가지 사실을 확인해보면, 먼저 예멘 난민들은 불법으로 제주도에 입국하지 않았으며 적법한 절차를 따라 난민 지위를 신청했습니다. 난민으로 인정받으려면 까다로운 심사를 통과해야 하지만 난민 지위 신청은 자격이 된다고 생각하면 누구나 할 수 있습니다. 그리고 정부는 6월 1일 이미 예멘을 무사증 입국 국가에서 제외했습니다. 8월 1일에는 추가로 감비아, 소말리아 등 12개 국가를 무사증 입국 불허 국가에 포함했습니다. 그러나 그런 사실은 중요하지 않았습니다. 사람들이 진짜 원하는 것은 이미 들어와서 난민 지위를 신청한 사람들을 추방하는 것이었으니까요. 하지만 난민신청허가 폐지는 우리가 스스로 제정한 난민법에 따라 불가능합니다. 개정 또한 국제사회에서 대한민국의 위상을 볼 때 불가능합니다. 난민을 초청하지는 못할망정 제 발로 들어오는 난민을 내칠 수는 없습니다. 그런데도 불가능한 주장을 하는 이유는 난민에 대한 선입견, 편견, 공포, 반감 등이 그만큼 크기 때문이었습니다.

난민과 무슬림, 만나본 적은 있는가

국민청원과 난민 반대 집회에 참여한 사람은 전체 인구에 비하면 아주 적은 수입니다. 그렇지만 상징성이 큽니다. 더군다나 그 후 여론조사에서는 그들의 주장이 많은 사람의 생각을 대변하는 것으로 드러났습니다. 난민 문제가 폭발했던 직후의 여론조사는 모두 비슷한 결과를 보였습니다. 난민 수용 반대가 거의 50%에 이르렀고 찬성은 40%에도 못 미쳤습니다. 10% 정도는 모르겠다고 했고요. 두 달 정도 지난 시점

난민신청허가 폐지는 우리가 스스로 제정한 난민법에 따라 불가능합니다. 개정 또한 국제사회에서 대한민국의 위상을 볼 때 불가능합니다. 난민을 초청하지는 못할망정 제 발로 들어오는 난민을 내칠 수는 없습니다. 그런데도 불가능한 주장을 하는 이유는 난민에 대한 선입견, 편견, 공포, 반감 등이 그만큼 크기 때문이었습니다.

에서 이루어진 한 일간지의 여론조사에서는 난민에 '우호적'이라는 답변이 50.7%, '적대적'이라는 답변이 44.7%를 차지했습니다. 같은 언론사가 6월 중순에 실시한 여론조사에서는 난민 수용 찬성이 39%, 반대가 49%였습니다. 떠들썩하고 혼란스런 상황을 겪은 후 각자 입장을 정한 결과로 보입니다. 그런데 질문을 이슬람계 난민으로 구체화하자 '적대적'이라는 답변이 66.7%로 높아졌습니다. 여성의 적대감은 73.9%까지 올라가 남성의 59%와 비교해 매우 높았습니다. 예멘 난민에 대한 강한 거부감이 이슬람교에 대한 공포 및 반감과 무관하지 않음을 잘 보여주는 결과였습니다.

흥미로운 사실은 그런 반감이 이미 우리 사회에 있었다는 점입니다. 2015년 여성가족부는 19~74세 국민 4천 명을 대상으로 '국민다문화수용성조사'를 실시했습니다. 그때 "난민을 이웃으로 삼고 싶습니까?"라는 질문에 찬성한 비율은 50%, 반대한 비율은 48%였습니다. 위의 여론조사 결과와 크게 다르지 않습니다. 이런 결과가 말해주는 진실은 종교 및 국적과 상관없이 우리 사회는 '난민'에게 반감을 가지고 있다는 것입니다.

이쯤에서 난민에 대해 알아보기로 하죠. '난민refugee'은 두 가지 의미가 있습니다. 하나는 생활과 생존에 위협을 느껴 본래 살던 곳을 떠난 사람을 말합니다. 보통은 다른 나라로 떠난 사람을 말하지만 때로 자기 나라에서 정치적 불안과 전쟁, 자연재해 때문에 이주하거나 피신한 사람도 난민으로 부릅니다. 다른 하나는 법적 난민입니다. 이들은 특정 인종, 종교, 사회집단에 속했다는 이유로, 또는 정치적 견해 때문에 박해를 받을 수 있어서 본국으로 돌아가지 못하거나 본국의 보호를 원치 않는 사람으로, 다른 나라로 피신해 망명을 신청한 후 심사를 거쳐 해당 국가로부터 난민으로 인정받은 사람입니다. 그런데 이 같은 정의는 내전이나 일상화한 폭력 등 불가피한 상황 때문에 자기 나라를 떠난 사람의 처지를 반영하지 못합니다. 그래서 많은 나라가 해석을 확대해 전쟁이나 폭력적 상황, 외국의 침략이나 심각한 사회적 혼란, 생존을 위협하는 극심한 경제난 등으로 자국을 떠난 사람도 난민으로 인정합니다.

유엔난민기구UNHCR에 따르면 2019년 6월 현재 전 세계 난민 수는 약 7,080만 명입니다. 이들은 할 수 없이 이주민이 된 사람들, 그러니까 우리가 일반적으로 '난민'이라 부르는 사람들입니다. 그중에서 4,130만 명 정도가 전쟁, 자연재해, 경제난과 빈곤 등의 이유로 자기 나라 안에서 이주민이 된 사람입니다. 법적 난민, 그러니까 국제법에 따라 타국에서 난민 지위를 인정받은 사람은 2,590만 명에 달합니다. 이들 중 절반은 18세 이하의 미성년자입니다. 덧붙여 세계적으로 350만 명 정도가 자기가 머무르는 국가에서 난민 지위를 신청한 후 결정을 기다리고 있습니다. 통계에 따르면 하루에 44,400명 정도가 난민이 됩니다. 법적 난민의 경우 출신 국가를 보면 남수단, 아프가니스탄, 시리아가 가장 많아서 전체의 57%를 차지합니다. 모두 내전이 일어난 나라입니다. 파키스탄, 우간다, 터키, 레바논, 이란이 가장 많은 난민을 수용하고 있고 난민의 85%가 이런 개발도상국이나 빈곤국에 거주합니다.

우리 사회에서 난민을 만나기는 힘듭니다. 난민 캠프가 있는 것도 아니고 거주하는 난민 숫자도 아주 적으니까요. 거리에서 맞닥뜨리는 외국인이 난민인지 아닌지도 알 수 없습니다. 그렇다면 왜 난민이 우리 사회를 위협하는 존재라고 판단했을까요? 우리가 알고 있는 난민은 지난 몇 년간 세상을 시끄럽게 했던 시리아 난민일 겁니다. 전쟁 때문에 고향을 떠나 안전한 곳을 찾고 있지만 유럽 국가들이 '골칫거리'로 여기거나 '민폐'를 끼친다고 치부했던 사람들 말입니다. 난민 추방을 주장하는 사람들은 유럽 국가들의 그런 정서와 주장에 공감했습니다.

예멘 난민의 종교가 '이슬람교'라는 점은 난민을 거부할 강력하고 정당한 '핑계'를 제공했습니다. 그러나 그것은 정확한 데이터나 직접적 경험에 의한 것이 아니라 추정과 상상에 근거한 것이었습니다. 대부분의 한국인은 이슬람교에 대해 잘 알지 못하고 신자인 무슬림을 만나본 경험도 거의 없습니다. 위의 여론조사에서 이슬람교 난민에 '적대적'이라고 답했던 66.7% 중에 무슬림을 알거나 그들과 가까이서 살았던 사람이 몇 명이나 될지 궁금합니다.

한국인이 가장 많이 접하는 이슬람교에 대한 정보는 '극단 무장단체', 'IS', '테러' 등과 관련된 것입니다. 이런 이유로 많은 사람이 무슬림을 '공격적'이고 '폭력적'이며 '극단주의적' 사고를 가진 사람으로, 그리고 이슬람교 신앙과 그 문화를 비상식적, 심지어 야만적으로 생각합니다. 최근 들어 무장집단과 테러에 관련된 사람들 중 다수가 무슬림인 것은 사실입니다. 그러나 그들은 무슬림 중에 극소수일 뿐이고 그런 극단적인 사람들은 다른 종교인 중에서도 얼마든지 찾을 수 있습니다. 또한 이슬람교 문화권은 중동뿐만 아니라 아시아와 유럽, 아프리카까지 상당히 넓은 지역에 분포해 있고 지역마다 문화와 생활방식이 조금씩 다릅니다. 개인에 따라 다르기도 합니다. 하지만 이슬람교 문화와 무슬림을 부정적으로 인식하고 왜곡해서 이해한 사람들은 중립적인 판단을 거부했습니다. 오히려 반감과 공포를 더 자극하고 악용하기 위해 '가짜뉴스'까지 만들어 퍼뜨렸습니다. 그래서 많은 사람이 이슬람교 신앙과 문화를 테러나 성폭행, 아동 강간과 관련지어 비난했고 그것을 토대로 예멘 난민을 판단했습니다. 그들의 신앙이 '이슬람교'라는 점을 지적하면서 자신들의 '경계'와 '두려움'을 정당화했습니다.

무엇이 호감과 혐오를 결정하는가

난민 논란과 관련해 중요한 사실이 있습니다. 바로 난민 반대여론 형성, 부정적 언론 기사, 조작 정보 확산, 청와대 국민청원, 반대집회 등이 실제 어떤 위험과 맞닥뜨려서 생겨난 것이 아니라는 점입니다. 제주도의 예멘 난민은 무사증 입국이 허락된 상황에서 합법적으로 들어왔고, 한동안 숨어지내다가 생계가 어려워지자 거리로 나왔을 뿐입니다. 그럼에도 잠재적 범죄자가 됐습니다. 일반인은 몰랐지만 행정당국은 이미 그들의 존재와 거주를 파악하고 있었습니다. 국내에 있는 다른 난민들이 범죄를 저지르거나 한국인을 위협하는 등 어떤 문제를 일으키지도 않았습니다. 그러니 사람들이 보인 반응은 특정 정체성과 종교적 배경을 가진 사람에 대한 선입견과 편견, 혐오에서 비롯된 것으로 볼 수 있습니다. 이 점은 아주 중요합니다. 원인과 결과라는 일반적 방식에서 벗어나 결과를 정당화하려고 원인을 조작했으니까요. 그들은 왜 난민을 '혐오'하기로 했을까요?

이에 대한 여러 가지 분석이 나왔습니다. 다양성 수용이 부족한 문화, 여성 겨냥 범죄의 증가, 일자리 불안과 경제적 압박 등 우리 사회의 문제가 투영된 것이라는 분석들이었습니다. 그렇다 해도 여전히 의문은 남습니다. 우리 사회에 이미 존재했던 문제들이 왜 하필 예멘 난민과 결합해 반감과 공격으로 바뀌었는지 말입니다.

이제는 어디서나 외국인이 눈에 띕니다. 우리는 다양한 외국인에 익숙해졌습니다. 〈어서와~ 한국은 처음이지?〉라는 텔레비전 리얼리티 예능 프로그램이 있습니다. 국적, 인종, 민족, 문화 배경이 다양한 사람들이 한국에서 며칠 동안 여행하는 모습을 카메라에 담은 프로그램입니다. 많은 사람이 이 프로그램을 좋아합니다. 시청자들은 '이방인'

인 그들이 생소한 한국의 사회와 문화, 환경, 사람을 접할 때 보이는 존중과 배려, 이해, 포용의 태도와 행동에 호감을 보입니다. 거기에는 외국인에 대한 반감이나 혐오가 전혀 없습니다. 이는 단일민족, 단일 문화에 익숙한 한국인도 타민족과 타문화에 배타적이지 않음을 보여줍니다. 그렇다면 '난민'에 대한 배타적 태도와 반감, 공포와 혐오는 어디서 비롯된 것일까요? 왜 전체 인구의 절반이 난민을 받아들여서는 안 된다고 생각할까요? 난민으로 온 사람들도 〈어서와~ 한국은 처음이지?〉에 나오는 사람들과 문화와 얼굴이 별반 다르지 않은데 말입니다.

우리는 외국인을 크게 두 부류로 구분합니다. 우리 이익에 도움이 되는 사람과 도움이 되지 않는 사람, 나아가 폐를 끼치는 사람입니다. 이익에 도움이 되는 대표적인 외국인은 선진국 출신의 외국인입니다. 한국전쟁과 그 후 한국을 지원한 미국인에 대한 '우대'와 '호감'으로부터 시작된 이런 선입견은 다른 선진국 출신 외국인에게도 적용됩니다. 한국에 여행 와 돈을 쓰는 사람도 국적에 상관없이 우리 이익에 도움이 되는 사람들로 구분합니다. 중국이나 일본에서 온 관광객이 대표적인 사례죠. 여러 가지 이유로 그들을 좋아하지 않는 사람들도 반감을 드러내지는 않습니다. 우리에게 이익이 된다고 생각하기 때문입니다.

외국인 노동자나 결혼 이주자도 이제는 큰 틀에서 같은 범주에 속하게 됐습니다. 처음 외국인 노동자가 들어왔을 때는 대부분 탐탁지 않게 생각했습니다. 그들을 혐오하고 가까운 자리나 같은 공간에 함께할 수 없는 사람들로 취급했습니다. 곳곳에서 외국인 노동자들이 공중목욕탕에 갈 수 없어 어려움을 겪는다는 얘기들이 불거졌습니다. 결혼 이주 여성도 비슷하게 취급했습니다. 가난한 나라 출신으로 돈 때문에 결혼했다고 여겨 불신하고 의심의 눈초리로 바라봤습니다. 그런데 그들이 한국의 노동과 결혼, 출산 문제의 해결에 도움이 되자 비로소 존재를 인정하게 됐습니다.

우리 이익에 도움이 되지 않고 폐를 끼치는 것으로 여겨지는 대표적인 외국인은 법적 인정을 받지 못한 채 한국에 거주하는 사람들입니다. 얼굴만 보고 그들을 구분할 수는 없지만 그런 외국인에 대한 반감과 분노, 혐오는 심각할 정도입니다. 우리는 이제 여기에 한 부류를 추가했습니다. 바로 이익에 전혀 도움이 되지 않으면서 오히려 우리 세금만 '축내는' 것으로 보이는 난민입니다. 외국인 노동자나 결혼 이주자는 한국 사회에 필요하기 때문에 두 팔 벌려 환영할 수는 없어도 존재를 인정할 수는 있다고 생각합니다. 그런데 난민은 아무런 도움이 되지 않는 '무용지물'인 존재인데 그들에게 아까운 세금까지 쓰는 일은 국익 차원에서도 절대 용납할 수 없다는 것이 다수의 생각입니다.

외국인에 대한 혐오를 정당화하는 가장 큰 이유는 바로 '이익'입니다. 이익을 따져 난민을 혐오할 것인지 여부를 결정했고 자기 정당화를 위해 '안전'과 '국익'을 동원했습니다. 그런데 그들이 말하지 않는 가장 중요한 이익이 있습니다. 바로 극도로 '미워하고 싫어하는' 사람들과 사회적, 물리적으로 같은 공간에 있고 싶지 않다는 것, 즉 자신에게 중요하고 의미가 있는 사회적, 물리적 공간을 그들과 공유하고 싶지 않다는 것입니다. 이것은 앞서 언급한 "난민을 이웃으로 삼고 싶습니까?"라는 질문에 대한 답을 통해서도 알 수 있습니다. 그들은 이웃에 난민이 살게 될까 봐, 그로 인해 자신의 일상이 방해를 받을까 봐 걱정이 태산입니다.

혐오할 자유는 있는가

카롤린 엠케는 『혐오사회』에서 '순수성'에 대한 숭배를 혐오와 연결 짓습니다. 엠케는 사람들이 '우리'와 '타자들'을 구분하는 전략으로 '순수성'을 주장하고, 자기들처럼 깨끗하지 않은 것으로 판단된 사람들은 잡초처럼 골라내 처벌하는 것을 마땅하게 여긴다고 설명합니다. '순수성'을 내세워 특정 개인이나 집단에 대한 혐오와 폭력을 정당화한다고 말합니다.* 누군가에 대한 혐오를 정당화하기 위해 '순수성'을 이용하는 사례는 우리 사회에서도 흔하게 볼 수 있습니다.

난민 수용에 반대하는 사람들이 내세우는 구호는 "국민이 먼저다"

* 카롤린 엠케, 정지인 옮김, 『혐오사회』, 다산초당, 2017, 191쪽.

입니다. '순수한' 대한민국 국민을 그렇지 않은 난민과 구분하는 전략을 선택한 것입니다. 그들은 대한민국이 '대한민국 국민'을 위해서 존재해야 한다고 주장합니다. 그들이 말하는 '국민'에 한민족이 아니면서 대한민국 국적을 가진 사람들, 특히 대한민국보다 가난한 나라 출신으로 대한민국 국적을 취득한 사람들도 포함되는지는 알 수 없습니다. 그들이 난민을 거부하고 추방을 주장하는 행위를 정당화하고 사람들을 설득하기 위해 '국민'이라는 '순수성'을 내세운 이유는 누구도 감히 순수하지 않은 난민의 이익이 먼저라고 주장하지 못할 것을 믿기 때문입니다.

비록 세계가 공유하는 가치인 인도주의와 보편적 인권의 보호를 거부함에도 "국민이 먼저다"라는 구호는 대한민국 국민으로서 정당한 주장처럼 보입니다. 그런데 그것을 달리 해석하면 '국민'의 이익에 문제가 없다면 난민을 수용해도 된다는 얘기입니다. 그렇다면 우리는 난민을 받아들이는 데 아무런 문제가 없습니다. 그들이 난민을 수용할 수 없다는 주장의 근거로 내세운 안전, 여성 대상 범죄 가능성, 세금 부담, 고용 영향 문제 등은 실상이 아니라 과장과 추측, 상상에 근거한 것이기 때문입니다. 설사 그런 문제가 예상된다 해도 정부와 시민사회에는 현재 우리 사회에 들어온 난민을 잘 관리하고 지원할 만한 인적, 물적 자원이 충분합니다. 그러나 일부 시민들과 시민단체들의 적극적인 대응으로 상황이 안정되고, 정부가 대응 원칙을 정리하고, 세 차례에 걸친 심사 끝에 484명 중 겨우 2명을 난민으로 인정하고 412명에게는 인도적 체류만 허가한 상황에서도 난민을 추방해야 한다는 주장은 사라지지 않았습니다. 56명에게는 불인정 결정이 내려졌고 직권으로 심사가 종료된 사람도 14명이나 되는데 말입니다. 결국 "국민이 먼저다"라며 난민을 거부한 사람들이 정말 주장하고 싶은 것은 대한민국이란 땅은 '순수'한 대한민국 국민에게만 허락돼야 한다는 것입니다. 그들은 대한민국 국민이 아니면서 감히 대한민국 땅에 정착하려는 사람들을 미워하고 공격한 것입니다. 순수성을 주장하면서 사실은 혐오와 배제를 정당화한 것이죠.

순수성 주장과 그것을 근거로 한 혐오는 난민에게만 적용되지 않습니다. 사실 우리 사회 곳곳에서 비슷한 일이 종종 벌어집니다. 일부 일반아파트 주민들은 임대아파트 주민들을 '순수성' 기준에 못 미치는, 그래서 자신들과 동등하지 않고 자신들의 영역에 발을 디딜 수 없는 사람들로 취급합니다. 많은 비장애인이 장애인을 '순수성' 기준에 미치지 못하는, 그래서 동등한 대우를 받을 자격이 없는 사람들로 여깁니다. 그 때문에 장애인 시설이나 특수학교가 자기 지역에 들어선다는 얘기가 나오면 생활환경이 '오염'된다며 격렬하게 반대합니다. 외국인 노동자, 결혼 이주자, 탈북민 등에게도 '순수성'을 적용하고 혐오합니다. 공동체나 집단, 단체 안에서 구성원으로서 순수성이 부족하다고 판단되는 사람도 똑같이 취급합니다. 흥미로운 것은 "국민이 먼저다"라는 순수성 기준이 상황에 따라 같은 국민인 개인과 집단에 적용되지 않는다는 것입니다. 그때는 '국민'이 아니라 '우리'와 '타자들'의 구분이 적용되는 것이죠. 그러니 '순수성'은 정말 순수한 것을 찾고 보전하려는 것이 아니라 '우리'와 '타자들'을 구분하고 그들을 혐오할 좋은 핑계가 될 뿐입니다.

국어사전은 '혐오'를 '싫어하고 미워함'으로 설명합니다. 누군가를 싫어하고 미워하는 것은 바람직하지 않지만 인간의 기본적 권리이자 감정적 자유입니다. 너나없이 누군가를 숙도록 싫어하고 미워할 수 있습니다. 그러나 '혐오'는 국어사전의 설명을 넘어서는, 사회적 의미와 영향력을 가진 단어입니다. 혐오는 특정 개인이나 집단을 향해 표출되고 행동으로 이어질 때 비로소 혐오로 인식되고 인정됩니다. 혐오의 대상이 된 개인이나 집단은 무시당하거나 미움받을 만하고, 그러므로 사회에서 배제하고 제거해야 할 존재로 취급됩니다. 그리하여 혐오는 사회적 판단과 대응을 요구합니다.*

혐오하는 사람들의 궁극적인 목표는 혐오 대상이 된 사람들을 자신들의 정치적, 사회적, 물리적 영역에서 배제하고 제거하는 것입니다. 한마디로 눈에 보이지 않고 귀에 들리지 않게 하는 것입니다. 그러므로 '혐오'는 항상 특정 개인과 집단에 대한 공격을 내포하며 보통 신체

* 서보혁·정주진, 『평화운동』, 진인진, 2018, 200쪽.

적, 정신적, 물질적 피해를 야기합니다. 혐오는 흔히 집단행동으로 표출됩니다. 다수의 참여로 세력을 이루어야 배제와 제거라는 목적을 이룰 테니까요. 개인행동은 흔히 비정상적 일탈이나 범죄로 취급되지만 집단행동은 숫자가 가지는 의미와 영향 때문에 정당한 행동으로 인정되곤 합니다. 비록 그것이 특정 개인이나 집단을 공격하고 사회에서 제거하려는 숨은 목적이 있는 경우에도 말입니다. 사람들은 이런 허점을 악용합니다. 설령 사회적으로 제재받지 않더라도 개인 안에 머물지 않고 집단적이고 조직적으로 누군가를 위협하는 혐오는 두말할 필요 없이 폭력입니다. 민주사회에서는 누구도 다른 사람에게 폭력을 가할 자유가 없으며, 그러므로 실제로 피해를 입히는 혐오를 표출할 자유도 없습니다.

혐오하기 쉬운 사회, 안전한가

혐오에는 구체적 대상이 있고 그 목적은 대상에게 구체적으로 피해를 주는 것입니다. 혐오 대상은 정신적, 심리적 압박에서부터 신체적 피해와 죽음까지 다양한 폭력의 가능성에 노출됩니다. 폭력의 특징 중 하나는 항상 상대적 강자가 약자에게 힘을 쓴다는 것입니다. 혐오도 마찬가지입니다. 사회적 영향력을 가지고 혐오를 표출하는 개인이나 집단은 혐오 대상이 되는 개인이나 집단보다 일반적으로 힘이 더 있습니다. 혐오를 표출하는 사람도 자기에게 그만한 힘이 있음을 잘 압니다. 그 힘의 원천은 자기가 속한 성별, 집단, 민족, 국가에서부터 소득이나 교육 수준, 심지어 사는 지역이나 아파트까지 다양합니다. 힘에 의존하기 때문에 대체로 다수 집단이 소수 집단에게, 다수 민족이 소수 민족에게, 주류 세력이 비주류 세력에게, 부와 지위를 가진 사람이 그렇지 못한 사람에게 혐오를 표출합니다. 일대일의 개인 관계에서 혐오를 표출하는 것도 결국 자신이 상대적 강자 집단에 속한다고 판단하기 때문에 가능한 일입니다.

혐오를 표출하는 사람들은 힘의 관계를 잘 알고 있어 혐오 대상에게 해를 입히거나 자기 주변에서 쉽게 제거할 수 있을 것으로 생각합니다. 물론 약한 사람이나 약자 집단에 속한 사람도 자기보다 강한 사람이나 강자 집단에 속한 사람을 혐오할 수 있습니다. 그러나 그것은 개인 안에 머물 뿐 사회적 의미와 영향력을 가지는 수준으로 표출되는 경우는 드뭅니다. 그런 경우에는 흔히 범죄로 여겨져 사법적 판단을 받게 됩니다. 상대적 약자 안에 머무는 혐오는 개인의 도덕성 차원에서 언급될지언정 사회적으로 심각한 문제나 감시 대상이 되지는 않습니다. 혐오하는 사람을 무너뜨릴 수는 있어도 다른 누군가에게 구체적인 피해를 주지는 않기 때문입니다. 그러니 폭력으로 볼 수도 없습니다.

혐오를 얘기할 때 눈여겨보아야 할 대목은 혐오가 약한 사람에게 향하고, 약하기 때문에 혐오 대상이 된다는 점입니다. 난민 사례는 이 점을 잘 말해줍니다. 사람들이 예멘 난민을 추방해야 한다고, 그들이 이슬람교도이기 때문에 흉악한 범죄를 저지를 것이라고 주장하며 쉽게 혐오 대상으로 삼았던 이유도 그들이 약자였기 때문입니다. 그들은 갈 곳 없는 '난민' 신분이고, 예멘 정부는 그들을 보호해주지 않으며, 경제적으로 빈곤하고, 한국 사회에 그들을 지원해줄 힘을 가진 개인이나 집단도 없었기 때문입니다. 만일 우리 사회에 이슬람교도가 무시하지 못할 정도의 숫자만 됐어도 예멘인들의 종교를 쉽게 혐오 대상으로 삼지는 않았을 겁니다. 그들은 우리 사회에서 만날 수 있는 약자 중의 약자였습니다. 그래서 쉽게 공격 대상이 됐습니다. 난민에 대한 공격이 우리 사회에 이미 팽배해 있는 문제에서 비롯된 불안 및 불만과 관련이 있다는 분석도 있습니다. 어찌 됐든 그런 불안과 불만이 난민에 대한 공격으로 표출됐다는 점이 중요합니다. 난민이 약자가 아니었다면 있을 수 없는 일입니다.

이와 관련해 캐나다의 사례는 아주 인상적입니다. 전 세계가 시리아 난민의 증가로 곤혹스러워하던 2015년 말에 캐나다는 2만 5천 명의 난민을 수용하겠다고 발표했습니다. 그해 12월에 캐나다 총리는 직접 공항으로 나가 난민 가족을 따뜻하게 맞이하고 당장 필요한 물품을 전달했습니다. 이후 전세기를 이용해 약속한 대로 2만 5천 명의 난민을 캐나다로 데려왔고 곧바로 영주권을 주었습니다. 캐나다는 먼저 나서서 수용 가능한 만큼 난민을 데려왔고 난민들에게 그들을 이해하고 포용하는 따뜻한 사람들이 있다는 것을 보여줬습니다. 우려하는 사람들도 있었지만 캐나다인 대부분은 그런 조치를 지지했습니다. 캐나다인으로서 자부심을 드러내기도 했습니다. 캐나다 정부의 결정은 캐나다 사회가 약자를 적극적으로 포용하기 위해 노력한다는 것을 상징적으로 보여줬습니다. 이는 난민뿐만 아니라 캐나다 사람들에게도 아주 중요한 일입니다. 캐나다에서는 약자라도 무시당하거나 혐오 대상이 되지 않는다는 확신을 가지게 해주니까요. 모두가 안전하고 행복할 가능성이 높다는 얘기니까요.

이와 비교하면 우리 정부의 대응은 아주 실망스러웠습니다. 난민협약에 가입한 국가임에도 국민에게 단호히 원칙을 얘기하지도, 난민 추방을 외치는 사람들을 적극적으로 설득하지도 않았습니다. 겨우 500명 남짓한 난민에 대응하면서 마치 세상 큰일이라도 난 것처럼, 그리고 예멘 난민이 정말 위험한 것처럼 수세적이고 소극적으로 대응했습니다. 이런 상황은 오히려 모두를 불안하게 만들었습니다. 난민에 대한 혐오 발언과 가짜뉴스는 증가했고 많은 사람이 약자에 대한 지나친 공격을 보며 자괴감을 느꼈습니다. 동시에 약자에 대한 증오와 혐오가 쉽게 표출되는 사회에 살고 있다는 현실에 슬퍼했습니다.

난민을 향한 혐오가 보여주는 것은 우리 사회에서 약자는 누구든 언제든 혐오 대상이 될 수 있다는 사실입니다. 사람은 누구나 다른 개인이나 집단과 비교해 약자가 될 수 있습니다. 상황에 따라 다양한 종류의 힘이 강조되고 힘에 의존해 관계의 형태와 질이 결정되는 사회에서는 말입니다. 더 중요한 것은 한 가지 혐오와 폭력이 승인되거나 묵인되는 곳에서는 다른 종류의 혐오와 폭력도 불거질 가능성이 높다는 점입니다. 난민에 대한 혐오 또한 우리 사회에 이미 존재하고 있던 혐오가 새롭게 등장한 약한 집단을 겨냥해 표출된 것입니다. 이 혐오는 또다시 약한 집단이 등장하면 그곳을 향해 표출될 것입니다. 이런 사회에서는 극소수를 제외하면 어느 누구도 안전하지 않습니다.

4강

국가 폭력, 합법성을 감시하라

'국익'을 위해 제외된 사람들

2015년 12월 28일 한국 외교부장관과 일본 외무상은 공동기자회견을 열어 위안부 문제에 대한 양국의 합의를 발표했습니다. 오랜 역사적 논란에 종지부를 찍기 위한 대담한 결정이었습니다. 당시 정부 입장에서는 말입니다. 일본 외무상은 "위안부 문제는 당시 군의 관여하에 다수 여성의 명예에 상처를 준 문제다. 일본 정부는 책임을 통감하고 있다."고 밝혔습니다. 또한 "아베 신조 내각총리대신은 일본국 내각총리대신으로서 다시 한번 위안부로 많은 고통을 겪고 심신에 치유하기 어려운 상처를 입은 모든 분께 마음으로부터 사죄와 반성을 표명한다."고 밝혔습니다. 이에 대한 해결 방안으로 일본은 "위안부의 명예와 존

엄의 회복, 마음의 상처를 치유하는 사업"을 위해 10억 엔을 내겠다고 했습니다. 2015년 말 당시 환율로 치면 96억 원쯤 됩니다.

일본 외무상의 발언에 한국 외교부장관은 "일본 정부가 앞서 표명한 조치를 착실히 실시하는 것을 기초로 이 문제가 최종적, 불가역적으로 해결될 것임을 확인한다. 한국 정부는 일본 정부가 하는 조치에 협력한다."고 답했습니다. 유엔 등 국제사회에서 위안부 문제에 대한 "상호 비난과 비판을 자제한다."고도 했습니다.

발표가 나오자마자 온 나라가 들끓었습니다. 분노와 실망 때문이었습니다. 특히 당사자인 위안부 할머니들은 받아들일 수 없는 합의라고 단호하게 말했습니다. 1992년부터 매주 수요일에 집회를 하고 20년 이상 싸우면서 할머니들은 일본의 공식적인 사과와 법적인 배상을 요구했습니다. 합의는 그런 요구를 무시하는 일방적 결정이었습니다.

한일 합의는 언뜻 보면 문제가 없는 것처럼 보입니다. 일본이 사과를 했고 한국이 그것을 받아들이기로 했으니까요. 그런데 자세히 보면 허점이 너무나 많습니다. 일본은 책임을 통감한다고 했지만 국가 차원의 명백한 사과는 하지 않았습니다. 그냥 아베 총리가, 그것도 다른 사람의 입으로 마음으로부터 사죄와 반성을 표명한다고 했을 뿐이죠. 일본이 책임을 통감한다면 당사자들의 요구를 존중해 문제를 해결해야 합니다. 그런데 당사자들을 무시한 채 한국 정부와 합의하고 10억 엔으로 모든 문제를 일단락 짓겠다고 했습니다. 1993년 '일본군위안부 피해자 지원법'이 제정된 후 피해자로 등록된 사람이 239명인데 10억 엔은 한 국가가 무고한 사람들에게 가한 전쟁범죄에 대한 배상으로 쳐도 턱없이 부족합니다. 그런데도 한국 외교부는 이를 "최종적, 불가역적"인 해결로 확인했습니다. 이는 당사자들이 공식 사과 요구, 법적 절차와 배상 요구를 하지 못하게 정부가 막겠다는 것과 같았습니다. 모든 결정은 당사자들과의 논의와 합의 없이 이루어졌습니다.

당시 박근혜 정부는 정말 역사적 '성과'를 이루어냈다고 생각했던 모양입니다. 그래서 위안부 할머니들과 시민들의 강도 높은 비판에 몹시 당황했습니다. 그런 일방적이고 부실한 합의를 하고도 아무 문제가 없을 것으로 생각했다니 신기할 따름입니다.

2017년 9월 7일 새벽, 경북 성주군 소성리에 고고도미사일방어체계, 일명 사드THAAD 발사대 4기가 추가로 배치됐습니다. 같은 해 4월 26일 발사대와 레이더 등 일부 장비가 배치된 지 4개월 남짓 지나 벌어진 일입니다. 사드 배치를 반대하는 소성리 주민들과 연대하는 시민들은 전날 밤부터 마을 입구에 앉아 사드 포대를 막았습니다. 장장 8시간 동안 주민과 경찰이 격렬하게 대치했습니다. 8천 명이 넘는 경찰이 400명 정도의 저항하는 시민들을 한 명씩 끌어냈습니다. 길을 막으려고 세워놓은 차량도 모두 견인했습니다. 이 과정에서 주민 60여 명과 경찰 40여 명이 부상을 입었습니다. 주민들을 모두 끌어낸 경찰은 사드 장비를 실은 트럭들이 지나갈 길을 만들었습니다. 경찰 저지선 밖으로 끌려나

간 주민들은 튼튼한 군용 트럭에 부질없이 물병을 던지고 고함을 지를 뿐이었습니다. 이로써 발사대 6기와 레이더로 구성된 사드 1개 포대의 배치가 완료됐습니다. 국방부장관은 "북한의 위협으로부터 국민을 지키기 위한 불가피한 조치였다."고 말했습니다.

2016년 7월 8일 정부는 사드 배치 결정을 발표했습니다. 한국과 미국의 공동 결정이었고 우리 국방부와 주한미군 제8군사령부가 이를 공동으로 발표했습니다. 결정은 갑자기 이루어졌습니다. 사드 배치 찬성과 반대, 사드의 성능, 한국 배치 적합성, 안전문제 등 많은 논란이 있었지만 정부는 국민에게 제대로 설명하지 않았습니다. 심지어 한동안 배치 계획이 없다고 얘기했습니다. 국회의 동의도 받지 않았습니다. 한국과 미국 양국은 공동발표문을 통해 "북한의 핵과 대량살상무기WMD, 탄도미사일 위협으로부터 대한민국과 우리 국민의 안전을 보장하고 한미동맹의 군사력을 보호하기 위한 방어적 조치로 결정하게 됐다."고 설명했습니다.

사드 배치가 결정되자 배치지로 거론되는 지역의 주민들은 가슴을 졸였습니다. 우여곡절 끝에 성주 소성리에 있는 골프장으로 배치지가 결정됐습니다. 주민들은 거세게 저항했습니다. 사드 레이더 장비에서 나오는 전자파로 인한 안전문제 때문이었습니다. 인체에 해를 끼치는 전자파가 얼마나 나오는지, 인체에 어느 정도의 해를 끼치는지에 대한 정확하고 믿을 만한 정보가 없었으니까요. 일본의 사드 기지 인근에 사는 주민들은 어지럼증이나 구토가 일어난다고 증언했고, 괌에 있는 사드 기지에서 이루어진 전자파 측정은 신뢰할 수 없었습니다. 사드 체계를 운영하는 미 육군 교본은 반경 3.6킬로미터 이내를 출입을 제한하는 위험지역으로 지정해야 한다고 적어놓았습니다. 3.6킬로미터 이내에는 사드가 배치된 소성리는 물론 인근 김천시의 일부 지역도 포함됩니다. 주민들이 사드 배치를 강하게 반대하고 저항할 만한 이유가 충분했습니다.

위안부 합의와 사드 배치는 전혀 다른 사건처럼 보입니다. 그러나 두 사건에는 중요한 공통점이 있습니다. 바로 국가의 일방적 결정과 그로 인한 피해입니다. 정부는 한·미·일 삼각동맹을 강화하고 일본과의 관계 개선, 무역과 관광 등 경제적 이익을 위해 위안부 문제와 관련된 과거사를 일단락 지으려고 했습니다. 그것이 국익을 위한 것이고 결국 국민에게 좋은 일이라고 생각했겠지요. 사드 배치도 마찬가지입니다. 정부는 한미동맹을 강화하고 북한의 위협으로부터 국민을 보호한다는 명분을 내세우면서 배치 지역의 피해를 정당화했습니다. 사드의 필요성과 효용성에 반론을 제기하는 전문가와 시민이 많았지만 말입니다. 그렇다면 당사자인 위안부 할머니들과 소성리와 인근 지역 주민들의 이익은 어떻게 된 것일까요? '국민의 이익'에 그들의 이익도 포함된 것일까요? 왜 그들은 반대하고 저항했을까요? 무엇이 잘못된 것일까요?

정부는 국가의 이익과 전체 국민을 위해 위안부 할머니들과 사드 배치 지역의 주민들이 '조금' 피해를 입어도 어쩔 수 없다고 생각했을 겁니다. '다수를 위한 소수의 피해'는 불가피하다는 것이지요. 그런데 이런 생각과 주장이 정당하게 인정받을 수 있을까요? 정부의 판단과 결정을 지지하는 사람들은 문제가 안 된다고 생각할 테지요. 하지만 직접 영향을 받는 당사자들도 그렇게 생각할까요? 당사자들이 강하게 저항한 것을 보면 그렇지 않다는 것을 알 수 있습니다. 정부가 '국익'과 '전체 국민의 이익'을 강조할수록 당사자들은 자신이 '국민'에서 제외됐다고 생각할 겁니다. '이익'을 공유할 자격은 뺏기고 '피해'만 감수하게 됐으니까요.

국가 폭력과 구조의 악용

위안부 합의와 사드 배치의 기본적이고 근본적인 문제는 국가가 하는 일로 인해 많은 사람이 직접 피해를 봤다는 것입니다. 그리고 그 피해를 없애거나 줄이기 위한 노력이 적극적으로 이루어지지 않았다는 겁니다. 오히려 전체 상황을 보면 국가가 피해에 대해 무관심하고 불가피하다는 이유로 정당화했다는 것을 알 수 있습니다. 불가피하다면 피해를 보게 될 사람들을 적극적으로 설득하고 최선을 다하면서 대답을 들을 때까지 기다려야 하는데 그러지 않았습니다. 결론적으로 국가는 적극적으로 피해를 만드는 일을 했습니다.

다른 주장을 할 수도 있습니다. 국가가 하는 일은 복잡해서 때로 불가피한 상황이 벌어질 수도 있다고 말입니다. 국가를 지키고 발전시키기 위해, 그리고 다수의 이익과 안전을 위해 때로 누군가는 희생해야 한다고 말합니다. 그런데 국가의 이익을 우선시하는 것은 보편적이지도 합리적이지도 않습니다. 국가의 이익을 위해 개인을 희생시키는 것도 마찬가지입니다. 대한민국은 개인의 권리와 자유가 보장되고 보호되는 민주주의 국가이기 때문입니다. 개인보다 국가를 우선시하는 것은 고난의 역사를 경험한, 그리고 유난히 국가와 집단의 이익을 강조하는 우리 사회에서 형성되고 합리화된 생각일 뿐입니다. 나아가 불행하게도 '소수'에 속한 사람들을 희생시켜서 다행히도 '다수'에 속한 자신의 이익을 지키기 위한 억지 합리화일 뿐입니다.

국가의 판단과 결정 때문에 피해가 생기는 일은 생각보다 많습니다. 이는 가볍게 생각할 일이 아닙니다. 오히려 엄격하게 분석하고 이해해야 합니다. 국가가 가진 힘이 막강해서 피해가 클 수 있고 피해자는 제대로 항의조차 못하는 경우가 많기 때문입니다. 평화의 시각에서는 이처럼 피해를 야기하는 국가의 일을 '국가 폭력'으로 정의합니다.

'국가 폭력'은 국가가 보호해야 할 국민에게 가하는 폭력을 말합니다. 정말 모순적인 일이지요. 국가 폭력은 국가를 운영하는 정부와 정책을 만들고 실행하는 기관과 사람에 의해 이루어집니다. 이런 설명에 불편함을 느끼는 사람들도 있습니다. 국가는 우리의 정체성과 소속감을 확인해주고, 항상 정당하고 합법적으로 일한다고 생각하기 때문입니다. 국가가 하는 일에 문제를 제기하는 것은 국가의 정당성을 부정하고 흠집을 내는 불손한 일이라고 생각하기도 합니다. 그러나 국가 폭력은 전 세계에서 보편적으로 사용하는 개념입니다. 폭력은 그것이 발생하고 피해가 생겼느냐가 중요하지 누가 가했느냐에 따라, 또는 상황에 따라 타협해서 적용되는 개념이 아닙니다.

우리는 이미 숱한 국가 폭력을 알고 있습니다. 전 세계의 역사적 사실을 통해 그것을 확인했습니다. 독일의 나치 정권이 저지른 홀로코스트는 널리 알려진 국가 폭력입니다. 흑인들의 시민권 운동에 대한 미국 경찰의 무력 진압, 미얀마 군대의 로힝야족 학살도 국가 폭력입니다. 우리 사회에서 있었던 4·3 제주 학살, 5·18 광주 학살, 경찰의 박종철 고문과 살해도 명백한 국가 폭력의 사례입니다.

국가 폭력이 가능한 것은 두 가지 이유 때문입니다. 하나는 국가에 물리적 힘을 행사할 수 있는 수단, 즉 군대와 경찰이 있기 때문입니다. 다른 하나는 국가에 그런 무력을 사용할 수 있는 합법성과 정당성이 있기 때문입니다. 법치국가에서는 누구도 물리적 힘을 써서 타인에게 해를 입힐 수 없습니다. 물리적 힘으로 해를 가하면 법에 따라 처벌받습니다. 그러나 국가는 국익을 위하고 국민을 보호하며 질서를 유지하는데 군대와 경찰을 동원할 수 있는 권한이 있습니다. 바로 그 점이 국가 폭력을 가능하게 합니다. '국가와 국민 보호', '사회질서 유지'라는 국가의 책임을 지도자와 정권의 이익을 위해 악용하는 경우가 있기 때문입니다. 그리고 그런 핑계로 국민을 호도하면서 국가 폭력을 정당화하기 때문이지요. 홀로코스트, 흑인 시위 무력 진압, 로힝야족 학살, 5·18 학살 등이 그런 왜곡된 정당화를 통해 벌어진 국가 폭력입니다.

설사 국가가 저질렀다 해도 대다수는 생명을 빼앗고 신체에 해를 입히는 폭력에는 단호하게 반응합니다. '국가 폭력'으로 인정하는 데에도 별로 주저하지 않습니다. 그러나 우리가 이미 알고 있듯이 폭력은 물리적 힘으로만 이루어지는 것이 아닙니다. 민주주의가 발달한 사회에서는 명백하게 드러나는 물리적 힘보다 비물리적인 힘을 이용하는 국가 폭력이 더 위험합니다. 물리적 힘을 이용한 국가 폭력은 쉽게 드러나는 데다 거부감이 워낙 크기 때문에 웬만해선 발생하지 않습니다. 그러나 다른 수단, 그러니까 국가의 구조를 이용하는 폭력은 피해가 금방 드러나지 않고 사람들도 잘 인식하지 못하기 때문에 종종 일어납니다. 합법적이므로 국가는 정당한 일이라고 주장하고 국민도 그렇게 생각합니다.

우리 사회를 떠들썩하게 만들었던 블랙리스트 사건은 구조를 이용한 국가 폭력입니다. 이명박 정부와 박근혜 정부는 정치적 이념이 다른 사람들을 감시하고 차별할 목적으로 문화예술계 블랙리스트를 만들었습니다. 정부의 정책을 비판하거나 다른 생각을 드러낸 사람들의 이름

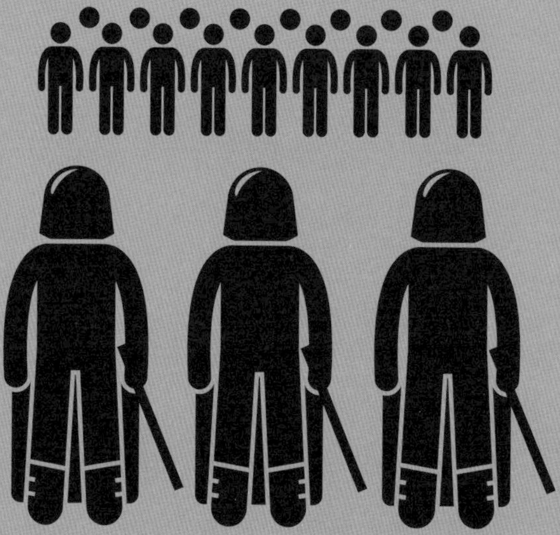

물리적 힘으로 해를 가하면 법에 따라 처벌받습니다. 그러나 국가는 국익을 위하고 국민을 보호하며 질서를 유지하는 데 군대와 경찰을 동원할 수 있는 권한이 있습니다. 바로 그 점이 국가 폭력을 가능하게 합니다. '국가와 국민 보호', '사회질서 유지'라는 국가의 책임을 지도자와 정권의 이익을 위해 악용하는 경우가 있기 때문입니다. 그리고 그런 핑계로 국민을 호도하면서 국가 폭력을 정당화하기 때문이지요. 홀로코스트, 흑인 시위 무력 진압, 로힝야족 학살, 5·18 학살 등이 그런 왜곡된 정당화를 통해 벌어진 국가 폭력입니다.

을 블랙리스트에 올려 정부 지원을 받지 못하게 했습니다. 문화예술계를 협박해서 정부의 말을 잘 듣게 하려는 속셈도 있었습니다. 청와대와 국가정보원, 문화체육관광부 같은 정부기관이 이 모든 일을 했습니다. 법에 따라 국가의 정책과 결정을 실행하는 준정부기관과 공공기관도 합세했습니다. 이들은 법과 제도, 정책, 행정 프로그램 등을 이용했습니다. 그 결과 9천 명에 달하는 문화예술인과 340여 개 단체가 지원 중단과 사업 배제 등 구체적인 피해를 봤습니다. 끊임없이 감시에 시달렸고 생계가 막막해진 문화예술인이 많았습니다. 법과 제도를 이용하고 공공기관이 한 일이기 때문에 법적으로 문제가 없는 것처럼 보입니다. 그러나 국가가 특정 개인이나 단체를 '위험'하다고 판단하고 '감시'하는 것은 불법입니다. 법치를 넘어 평화의 시각으로 볼 때 이것은 구조를 이용한 국가 폭력입니다. 그러나 우리 사회의 대부분은 정부가 보호해야 할 국민에게 이처럼 무서운 폭력을 휘두르는 걸 몰랐습니다.

국가는 문화적 수단을 이용해 폭력을 가하기도 합니다. 현대사회에서는, 그리고 민주주의 사회에서는 가장 정교한 방식으로 가해지는 폭력이고, 구조를 이용한 폭력보다 더 알아채기가 힘듭니다. 국가의 구조와 법을 악용해 정치적 이익을 얻으려는 정부와 그에 속한 사람들은 문화적 수단을 이용하는 데 공을 많이 들입니다. 그래야 구조를 악용하고 물리적 힘을 사용하는 일을 정당화할 수 있으니까요. 쉬운 예로 나치 정권이 유대인을 추방하고 학살하기 위해 만든 문화적 폭력의 도구를 들 수 있습니다. 그것은 바로 '아리안족 우월주의'였습니다. 나치 정권은 아리안족 중에서도 독일 민족이 가장 우월하다고 주장했습니다. 그것으로 사람들을 설득하고 세뇌했습니다. 그런 왜곡된 주장과 이론을 토대로 유대인은 물론 독일 민족의 피를 더럽힌다며 장애인들과 동성애자들도 학살했습니다. 물론 그 모든 일은 국가의 지휘를 받는 군대와 경찰, 기관과 사람들이 실행했습니다. 이런 점에서 보면 물리력을 동원한 국가 폭력까지 정당화하는 문화적 수단이 가장 위험합니다.

위안부 합의와 사드 배치는 구조를 악용하고 문화적 수단을 적극적으로 활용한 국가 폭력입니다. 둘 다 정부 사이 합의에 따라 결정됐습니다. 물론 우리 정부는 다른 나라 정부와 그런 합의를 할 법적 권한이 있습니다. 정부 구조와 제도를 이용했기 때문에 법적으로 아무런 문제가 없습니다. 하지만 그것은 많은 사람에 대한 국가 폭력이 됐습니다. 이를 정당화하기 위한 문화적 도구도 개발됐습니다. 정부는 위안부 합의 이후에, 그리고 사드 배치 결정 전과 후에 모든 것이 국익과 국민을 보호하기 위한 일이라고 주장했습니다. 외교부와 국방부의 기자회견과 홍보 자료, 다양한 미디어 콘텐츠 등을 이용해 '국익'과 '국민 보호'를 강조하는 담론을 만들어냈습니다. 이 모두가 당사자들에게 피해를 준 결정을 정당화하고, 국민을 설득하고, 반대 의견을 정당하지 않은 것으로 만들기 위한 것이었습니다. 이는 우리가 일상에서 생각보다 훨씬 많은 국가 폭력에 노출돼 있음을 말해줍니다.

합법성의 이름으로

국가 폭력의 가장 큰 특징은 합법적 수단을 이용한다는 것입니다. 때로 교묘하게 법의 허점을 파고들거나 불법을 저지르기도 합니다. 앞에서 언급한 블랙리스트 사건처럼 말입니다. 하지만 정부와 국가기관이 하는 일이다 보니 합법적이고 정당할 것이라고 간주됩니다. 물론 대부분은 합법적입니다. '합법성'이란 어떤 의견이나 주장, 행동 등이 법에 맞는 것을 의미합니다. 국가는, 특히 법치주의의 토대 위에 있는 민주주의 국가는 합법성하에서 움직입니다. 그것이 민주주의의 원칙이자 힘이고, 그래야만 정당성을 인정받을 수 있습니다. 하지만 합법적이라고 해서 모두 옳고 정의로운 것은 아닙니다. 그렇다면 억울한 피해자가 하나도 없겠지요. 국가 폭력도 대폭 줄어들 테고요. 이미 얘기한 것처럼 국가 폭력은 대개 '합법성'이 있거나 적어도 '합법성'을 위장해 가해집니다. 그러니 국가 폭력을 다루려면 먼저 합법성 문제를 따져보아야 합니다.

합법성과 관련해 기본적으로 염두에 두어야 할 것은 법이 완벽하지 않다는 것입니다. 그렇다고 해서 법을 거부해야 한다는 것이 아니라 국민의 필요와 사회 정의에 맞게 법이 계속 수정되고 새로 만들어진다는 뜻입니다. 이는 우리가 실제로 겪고 있는 일이기도 합니다. 입법기관인 국회가 하는 일이 새로운 법을 만들거나 수정하는 것이니까요. 이는 법이 잘못될 수도 있고 합법성에도 한계가 있음을 말해줍니다.

미국은 법치주의가 가장 발달한 나라 중 하나입니다. 건국 때부터 합법성에 근거해 국가를 운영해왔습니다. 그런 나라에서도 법은 시대에 따라, 그리고 정의에 대한 사회적 인식과 요구에 따라 변했습니다. 법이 완벽하지 않으며 잘못될 수도 있음을 잘 보여줍니다. 인종차별과 관련된 사례를 보겠습니다. 미국은 1776년 국가 수립과 함께 연방헌법을 통해 모든 국민에게 '생명과 자유와 행복을 추구할 권리'와 '법적으로 평등하게 보호받을 권리'를 보장했습니다. 하지만 1857년 연방대법원은 연방의회가 노예제를 폐지할 권한이 없다고 판결했습니다. 노예제도의 합법성을 확인해준 겁니다. 또 연방대법원은 1896년 주정부가 공공시설에서 흑백분리를 제도화하는 것이 평등권을 침해하지 않는다고 판결했습니다. 현재의 시각에서 보면 명백한 차별과 억압이고 국가 폭력입니다. 1950년 흑백분리 철폐 캠페인을 벌이던 단체는 흑인 학교와 백인 학교로 분리해 어린이를 교육하는 것은 평등권 위반이라며 5개 지역에서 소송을 제기했습니다. 몇 년 동안 소송이 이어졌고 사건은 연방대법원까지 갔습니다. 마침내 1954년 5월 17일 연방대법원은 흑인 학생과 백인 학생을 분리하는 것은 평등권을 보장한 수정헌법 14조를 위반하는 것이라고 판결했습니다. 바로 미국 역사에서 가장 중요한 판결 중 하나인 브라운 판결입니다.* 흑백분리가 합법적이지 않다는 판결을 얻어내는 데 60년 가까이 걸렸던 것입니다. 그렇다고 당장 인종차별 제도가 사라진 것은 아니지만 이전의 '합법성'이 합법하지 않다고 판단한 것은 중요한 변화입니다. 이는 국가 폭력을 정당화하는 데 중요한 핑계가 되는 합법성에 문제를 제기하는 것이 옳은 일임을 말해줍니다.

우리 사회에서도 비슷한 사례를 찾을 수 있습니다. 형제복지원은 부랑자를 선도한다는 명분으로 1975년부터 1987년까지 운영된 수용시설입니다. 1975년 부랑자를 수용하려고 정부의 지시로 내무부 훈령에 따라 지어진 시설이었습니다. 형제복지원은 부랑자를 마구잡이로 잡아 감금한 뒤 강제 노역을 시키고 구타를 하고 성폭행을 저질렀습니다. 개중에는 어린아이들도 있었습니다. 가혹한 환경에서 12년 동안 513명이 사망했습니다. 이 사건에 대한 재판이 벌어졌습니다. 1989년 7월 대법원은 형제복지원이 정부 훈령에 따라 부랑자를 수용했으므로 무죄라고 선고했습니다. 상식적으로 허용될 수 없는 폭력이 법적 판단에 따라 무죄가 된 겁니다. 그런데 30년이 지난 2018년 검찰총장은 대법원에 이 사건을 비상상고했습니다. 이전 판결이 법을 잘못 적용해 내린 판결이었기 때문에 대법원에 다시 판단해달라고 요청한 겁니다. 극히 이례적인 일입니다. 이 또한 당시의 합법적 판결에 합법성이 없었음을 말해주는 사례입니다.

* 장호순, 『미국 헌법과 인권의 역사』, 개마고원, 2016, 429~446쪽.

국가 폭력을 분석하고 이해하기 위해서는 합법성을 넘어서야 합니다. 폭력은 합법성보다 더 엄격한 기준을 적용해 판단되기 때문입니다. 국가 폭력을 정의하는 것은 기본적으로 합법성이 있느냐 없느냐가 아니라 폭력의 존재 여부와 그것을 국가가 저질렀는지 여부입니다. 바로 그런 이유 때문에 위안부 합의와 사드 배치를 국가 폭력의 사례로 들었던 것입니다. 여기서 중요한 것은 다른 폭력과 마찬가지로 국가 폭력에서도 부당한 힘의 관계를 확인할 수 있다는 사실입니다. 피해자들은 모두 약자입니다. 물론 국가를 상대로 강자가 되기는 힘듭니다. 피해자들은 또한 피해를 당하지 않은 사람들과 비교해서도 약자입니다. 결국 국가의 결정과 행동을 지지하는 사람들보다 약하고 소수이기 때문에 국가 폭력의 피해자가 되는 것입니다. 이 점은 국가 폭력이 다른 폭력과 다르지 않음을, 따라서 이런저런 핑계로 국가 폭력을 정당화하는 것이 아니라 다른 폭력과 똑같이 다루고 대응해야 함을 말해줍니다.

국가 폭력과 관련해 중요한 또 다른 문제는 국가 폭력에 가담한 개인의 책임입니다. 국가의 명령, 정책, 제도를 따라 합법적으로, 그리고 특정 기관에 소속돼 명령을 받아 이루어진 일이기 때문에 개인에게는 잘못이 없다고 생각할 수 있습니다. 유감스럽게도 그렇지 않습니다. 책임의 경중이 있을 뿐 개인에게도 책임이 있습니다. 거기에는 두 가지 책임이 있습니다. 하나는 법적 책임이고, 다른 하나는 윤리적 책임입니다. 나중에 법적으로 잘못됐음이 드러나면 법적 책임을 져야 합니다.

국가와 기관의 명령을 따를 때도 개인에게 잘잘못을 구분해야 할 책임이 있기 때문입니다. 전 세계에서 전쟁이 끝난 뒤 전쟁범죄로 기소된 사람들, 우리 사회에서 블랙리스트 사건으로 기소된 사람들이 그런 경우입니다. 윤리적 책임은 법과 명령을 따랐다 해도 그것이 윤리적으로 옳지 않았을 때, 즉 누군가에게 피해를 주었을 때 짊어져야 하는 책임입니다. 평화의 시각에서는 이와 별개로 정의의 문제가 있습니다. 정의는 누가 어떻게 잘못을 저질렀는지 따져서 대가를 치르고 잘못을 바로잡는 것을 말합니다. 거기에는 법적 과정에 더해 피해자에게 참회하는 것이 포함됩니다. 그 모든 절차와 내용은 피해자의 필요와 요구를 존중해 이루어집니다. 정의를 중요하게 생각하는 이유는 정의가 없이는 피해자의 삶이 회복되지 않고, 가해자는 사회에 복귀할 수 없으며, 결국 공존하는 평화가 이루어질 수 없기 때문입니다.

국방의 의무와 강제징집

합법성을 기준으로 폭력을 판단하면 안 되는 사례가 있습니다. 그중 민감하고 조금 복잡한 것을 살펴보겠습니다. 바로 군대입니다. 앞에서 국가가 물리적 힘을 합법적으로 이용하는 이유는 군대와 경찰을 지휘하고 동원할 수 있는 권한이 있기 때문이라고 설명했습니다. 특히 군대는 여러 평화 주제와 직접 관련돼 있습니다.

국가가 군대를 유지하고 강화하는 이유는 기본적으로 적과의 싸움, 그러니까 전쟁이나 무력 충돌에 대비하기 위해서입니다. 대부분 정치적, 사회적으로 안정된 나라들 사이에서는 전쟁이 일어나지 않는다고 믿습니다. 그래서 군대는 오랜 전통에 따른 것일 뿐 역할은 직접 전투에 참여하는 것보다 상징적인 면이 많다고 생각합니다. 정말 군대의 의미와 역할이 달라졌을까요? 전혀 그렇지 않습니다. 군대의 기본적 의미와 역할은 예나 지금이나 전쟁과 무력 충돌에 대응하고 참여하는 것입니다. 지금도 세계 곳곳에서 군인들이 전쟁에 참여하고 있습니다. 정치적, 사회적으로 안정된 나라의 군인들도 마찬가지입니다. 우리나라도 예외가 아닙니다. 전쟁과 무력 충돌은 평화로운 삶을 해치는 가장 극적인 상황입니다. 극단적인 폭력이 일어나는 상황이기도 합니다. 평화에 대해 얘기할 때 전쟁이 우선적인 주제가 되는 이유입니다. 그런데 전쟁을 가능하게 하는 군대의 역할에 대해서는 별로 얘기하지 않습니다. 심지어 군인들이 입는 피해에도 별로 관심을 두지 않습니다. 왜일까요?

거기에는 두 가지 이유가 있습니다. 하나는 군대를 합법적이고 정당한 조직으로 보기 때문에 문제 삼지 않는 것입니다. 국가와 국민을 보호하는 데 절대적인 데다가 합법적이기까지 하니 문제가 없다고 생각합니다. 설사 전쟁과 관련돼 있다 하더라도 말입니다. 물론 국가가 하는 전쟁을 정당화하는 인식과 문화와도 관련돼 있습니다. 다른 하나는 군인을 민간인과 똑같은 사람으로 여기지 않고 전쟁을 준비하고 수행하는 '도구'로 여기기 때문입니다. 전쟁 중 군인의 사망은 당연한 것으로 여겨집니다. 군인이 아닌 '민간인'의 사망과 구분합니다. 적어도 군인 신분으로 있는 동안은 어떤 상황에서든 생명을 존중받는 온전한 '사람'이 아니라 나라를 지키고 적과 싸우는 '도구'로 살게 됩니다.

우리 사회는 일정한 나이가 된 남자에게 국방의 의무를 지우는 '강제징집제도'를 실시합니다. 모두가 국방의 의무를 '성역'처럼 생각합니다. 물론 합법적이기도 합니다. 하지만 정말 군대에 가고 싶다는 청년은 거의 없습니다. '어차피 가야 하니 긍정적으로 생각하자'는 정도입니다. 군대에 가면 신체적으로 자신이 속한 사회에서 분리되고 그동안 익힌 생활방식을 모두 버려야 합니다. 이것을 '탈사회화desocialization'라고 합니다. 그 후엔 군대의 새로운 생활방식을 배워야 합니다. 이것은 '재사회화resocialization'라고 합니다. 군인은 이 두 과정을 강제로 겪게 됩니다. 폭력 이론을 정리한 요한 갈퉁은 타인의 강요에 의한 탈사회화와 재사회화를 직접적 폭력의 한 형태로 봤습니다. 신체에 직접 해를 끼치기 때문입니다. 그러므로 강제징집은 신체에 대한 폭력이 됩니다. 물론 군대에 가는 청년들이 피해자가 되는 것이죠.

'신성'한 국방의 의무를 이런 폭력 이론으로 설명하는 것에 불편함을 느끼는 사람들도 있습니다. 그럼 다른 예를 생각해볼까요? 부모가 빚을

갚으려고 딸을 팔아넘겨서 어느 부잣집에서 가정부로 일하게 된 여성이 있습니다. 실제로 가난한 나라에서 벌어지는 일입니다. 그 여성은 자기 집과 마을에서의 삶을 모두 버리고 부잣집에서 '가정부' 신분에 맞는 새로운 생활방식을 익혀야 합니다. 자유를 뺏긴 상황에서 강제로 말이죠. 우리는 이런 상황을 당연히 폭력이라고 말합니다. 강제징집으로 군대에 간 청년의 상황도 신체의 자유를 제한당하고 강제로 병영생활에 적응해야 한다는 점에서 크게 다르지 않습니다. 다만 그것을 실행한 주체가 국가이고 징집에 '합법성'이 있다는 점이 다를 뿐이죠. 하지만 앞에서 말했다시피 폭력을 구분하는 것은 '합법성' 여부가 아닙니다.

군대는 합법적 조직이지만 여러 가지로 폭력적인 면이 있다는 것을 많은 사람이 인정합니다. 군대에서는 무조건 통제를 받아들이고 명령에 복종해야 합니다. 헌법이 보장하는 신체의 자유와 사상의 자유도 허락되지 않습니다. 인간으로 존중받지 못하는 것이죠. 그것만이 아닙니다. 강제로 적응시키려고 폭행과 폭언을 서슴지 않습니다. 충격요법을 쓴다고 경멸하고 모욕감을 줍니다. 일반적인 기준으로 보면 인간이 겪을 수 있는 최악의 억압과 폭력적 상황이 항상 포화상태로 유지되는 곳입니다. 무엇보다 심각한 것은 '인간성' 포기를 강요한다는 점입니다. 자유로운 생각과 행동을 포기해야 생존할 수 있는 환경이란 점이 그렇습니다. 그런데 핵심은 사람을 공격하고 죽이는 훈련을 받는다는 겁니다. 그럼에도 국가가 합법적으로 유지한다는 이유로 군대의 존재 자체에 문제를 제기하지 않습니다. 기껏해야 군인들 사이의 폭력에 초점을 맞출 뿐입니다. 이것은 사회의 구조적인 문제를 개인화하여 근본적인 문제를 외면하는 것입니다.

대부분 군대에 불편한 감정을 가지고 있습니다. 그러나 남한과 북한이 대치하는 상황에서 현실적으로 필요하기 때문에 인정할 수밖에 없다고 말합니다. 평화 이론에는 동의하지만 어쩔 수 없다고 말합니다. 하지만 설사 개인이 극복하기 힘든 문제라 할지라도 문제의식을 가지는 것은 중요합니다. 우리가 인간으로서 폭력을 당하지 않고 온전한 삶을 누리기 위해 필요한 것이니까요.

군대 문제는 특히 지금까지 얘기한 합법성 문제와 함께 타성적인 생각의 한계를 넘어서는 노력이 필요합니다. 국가의 전쟁을 정당화하고, 전쟁을 준비하고 수행하는 일을 불가피한 것으로 여기며, 따라서 군대와 강제징집이 필요하다고 생각하는 한계 말입니다. 그런 한계 때문에 군대에서 벌어지는 폭력에 지금까지 둔감했던 것입니다. 당장 군대를 없애지 못하고 개인이 군대를 거부하지 못한다 해도 문제를 제기할 필요가 있습니다. 그래야 점진적으로 군대에 가는 사람의 수를 줄이고 군대 환경을 바꿀 수 있습니다. 또한 개인의 선택에 따라 군복무를 결정하게 할 수도 있습니다. 그래야 국가 폭력의 피해를 줄여나갈 수 있습니다. 사실 우리처럼 강제징집을 실시하는 나라는 많지 않습니다. 강제징집을 실시하더라도 기간이 짧거나 군대에서 폭력이 거의 발생하지 않습니다. 그러니 우리 상황에 문제를 제기하는 것은 당연합니다.

군대 문제는 국가 폭력의 시각에서 한번쯤 성찰해봐야 합니다. 국가의 정당성을 훼손하거나 국가를 부인하는 것이 아니라 우리 사회의 폭력을 줄여나가고 바람직한 방향으로 발전하기 위해서 말이지요. 이것은 궁극적으로 누구도 폭력의 가해자나 피해자가 되지 않음으로써 모두의 인간성을 회복하기 위한 노력입니다.

5강

한반도에 평화는 올까

우리는 한반도에 산다

우리는 한반도의 아래 반쪽에 살고 있습니다. 한반도보다는 대한민국에 산다고 해야 더 정확해 보이기는 합니다. 하지만 지리적으로 보면 분명 한반도에 살고 있습니다. 정치적으로도 '한반도에 산다'는 것이 틀린 말이 아닙니다. 헌법 제3조에 "대한민국의 영토는 한반도와 그 부속도서로 한다."고 쓰여 있으니까요. 북한을 국가로 인정하지 않으며 통일을 반드시 이루어야 할 목표로 삼고 있기에 헌법에 명확히 해놓은 것이지요. 물론 현실은 다릅니다. 북한을 국가로 인정하니까요. 그것을 상징적으로 보여주는 사건이 1991년 9월 17일 남한과 북한이 함께 유엔 회원국으로 가입한 일입니다. 통일을 목표로 삼고 있지만 한반도에 두 나라가 존재함을 스스로 인정한 것입니다. 그러니까 그동안 북한과 여러 차례 남북정상회담을 했던 것이지요. 헌법 내용과 현실이 모순적인 이런 상황에서도 한 가지는 분명합니다. 우리는 한반도에 살고 있고 한반도 위쪽에 있는 북한과 불가분의 관계라는 점입니다.

한반도에 산다는 것은 어떤 의미일까요? 지리적으로 보면 매우 불리하고 답답한 곳에 살고 있습니다. 삼면은 바다로 둘러싸여 있습니다. 위로는 북한이 있는데 자유롭게 갈 수 없습니다. 제3국으로 갈 때도 지나갈 수 없습니다. 육로가 막혀 있는 셈입니다. 그래서 반도에 살지만 실제로는 섬에 사는 것과 같습니다. 한반도에 사는 것의 중요한 의미는 바로 같은 한반도에 북한이 있다는 겁니다. 이 점은 우리 생활 모든 부분에 크고 작은 영향을 미칩니다. 답답한 지리적 상황도 북한과 좋은 관계라면 문제가 되지 않습니다. 전 세계 많은 나라가 다른 나라와 국경을 공유하지만 아무 불편 없이 살고 있습니다. 그런데 우리는 북한과 오랫동안 적으로 살았습니다. 국방부는 〈2018 국방백서〉에서 '북한은 적'이라는 표현을 삭제했습니다. 2018년 1월부터 남북관계를 복원하고 그해 세 번이나 남북정상회담을 가졌으며, 무엇보다 남북 정상이 '전쟁 위험'과 '적대관계'를 없애기로 합의했기 때문입니다. 또한 남북이 군사합의를 통해 서로 공격하지 않기로 약속했습니다. 그러나 근본적인 상황은 변하지 않았습니다. 우리는 여전히 북한과 좋은 이웃이 되지 못했고, 북한 땅을 거쳐서 다른 나라로 갈 수 없습니다. 그래서 지금도 섬 아닌 섬에 갇혀 살고 있습니다.

한반도에 산다는 것은 무엇보다 정치적으로 큰 의미가 있습니다. 한반도에는 정치 이념과 체제가 다른 두 나라가 서로 감시하고 경계하며 살아갑니다. 상호 감시와 경계는 군사적 수단인 대규모 무기와 병력으로 이루어집니다. 2018년 이후 서로 공격하지 않기로 하고 시범적으로 비무장지대 안에 있는 일부 감시초소남측 11개, 북측 11개를 해체하기도 했습니다. 그러나 군사적 감시와 대결이 중단된 것은 아닙니다. 한반도 외에도 이웃하는 나라들 사이에 정치 이념과 체제가 다른 경우가 있습니다. 하지만 대부분 이웃으로 잘 지내고 있습니다. 1990년대 초 전 세계 자본주의와 공산주의가 대립했던 냉전이 끝난 이후 정치적 차이로 싸우는 일은 없습니다. 한반도만 예외입니다.

더 큰 정치적 의미는 북한의 존재가 우리 사회에 미치는 영향이 크다는 점입니다. 한국전쟁 이후 잠깐 낮은 수준의 민주주의가 있었지만 곧 군사쿠데타로 집권한 박정희의 군사독재가 이어졌습니다. 독재를 유지하는 데 동원된 것은 반공 이념이었습니다. 공산주의 북한이 언제 쳐들어올지 모르니 정부가 하는 일에 반대해서는 안 된다는 것이었습니다. 국민은 반공과 국가안보를 강조하는 독재정치를 받아들였습니다. 북한에 대한 증오가 컸기 때문입니다. 그 후의 독재정치도 마찬가지였습니다. 상황은 지금도 비슷합니다. 대통령, 국회의원, 지방자치단체장 등을 뽑는 선거철이 되면 어김없이 반공 이념과 국가안보 주장이 등장합니다. '종북'이나 '빨갱이'라는 말도 자주 쓰입니다. 일부 유권자는 여전히 후보들이 내놓은 정책이나 능력이 아니라 북한과 공산주의를 증오하는 말에 솔깃이 귀를 기울입니다. 북한에 대한 불신과 증오를 정치적 이익을 얻으려는 수단으로 이용하는데도 말입니다. 한반도에 산다는 것은 이렇게 생활 향상, 복지, 교육보다 북한에 대한 증오와 국가안보로 국민을 협박하는 정치인들을 마주하는 것을 의미합니다.

〈공작〉이라는 영화가 있습니다. 정치인들이 대선에서 승리하기 위해 북한에 휴전선 부근에서 남한을 공격해달라고 부탁합니다. 이를 위해 사업가로 위장해 북한을 오가며 스파이 활동을 하던 남한 공작원을 이용한다는 내용입니다. 이 영화는 실화를 바탕으로 만들어졌습니다. 실제로 1997년 대통령선거 직전에 당시 여당 대선 후보의 참모들은 지지율이 올라가지 않자 북한의 공격을 이용하기로 했습니다. 그래서 북한과 접촉해 판문점에서 남한 군인들을 공격하라고 부탁했습니다. 돈을 많이 주겠다면서요. 이런 요청에 북한은 대답하지 않았고 총격도 일어나지 않았습니다. 바로 '총풍사건'입니다. 참으로 어이없는 일이지요. 북한과 안보 불안을 이용하여 선거에서 이긴 경험이 많았던 당시 여당은 실제로 공격을 부추겼습니다. 남한과 북한이 대립하는 한반도에서 산다는 것이 정치적으로 얼마나 무서운 일인지 알게 해줍니다.

한반도에 산다는 것은 무엇보다 인간으로서 불완전한 삶을 사는 것을 의미합니다. 모든 인간은 평화롭고 안전하게 살 권리가 있습니다.

그래야 삶이 완전하고 풍요로워집니다. 특히 생명을 위협하는 전쟁이나 적의 공격에 대한 불안이 없이 살아야 합니다. 인간이 누려야 하는 기본적인 평화이지요. 그러나 한반도에서는 그렇게 살 수 없었습니다. 남한과 북한의 정치적, 군사적 대결과 긴장 때문입니다. 이런 상황은 해방 이후 계속됐습니다. 때로 무력 충돌이 일어나고 전쟁의 위험이 닥치기도 했습니다. 2013년과 2017년에도 전쟁의 위험이 높아져서 우리뿐만 아니라 전 세계가 긴장하기도 했습니다. 2018년 시작된 남북 대화와 평화 노력으로 전쟁의 위험은 일시적으로 사라졌습니다. 그러나 군사적 대결은 여전히 이어지고 있으며, 남한과 북한은 아직 좋은 이웃이 되지 못했습니다.

세계는 한반도의 불안한 평화, 또는 평화롭지 않은 상황을 잘 알고 있습니다. 오히려 한반도에 사는 우리는 그 사실을 자주 잊거나 알지 못합니다. 왜 그럴까요? 아마 그런 상황에 익숙해졌기 때문일 겁니다. 한반도는 완벽하게 평화로울 수 없는 곳이니까요. 항상 남한과 북한이 대결하기 때문에 청년은 군대에 가야 하고, 휴전선뿐만 아니라 전국 곳곳에 군부대가 있는 나라이니까요. 우리에게는 익숙한 상황이지만 다른 나라 사람들이 보기에는 전혀 그렇지 않습니다. 그들은 한반도에 사는 우리를 안타깝고 측은하게 여깁니다. 우리처럼 사는 것은 그들의 기준으로 평화롭게 사는 것이 아니기 때문입니다. 정작 우리는 평화롭지 않은 상황을 깨닫지 못하거나 외면하고 삽니다.

전쟁, 학살, 이념 대결의 땅

생각해보면 남한과 북한의 관계는 그리 길지 않습니다. 1948년에 시작됐으니까요. 알다시피 그 전에는 한반도에서 한 민족으로 함께 살았습니다. 대한제국의 마지막을 함께 지냈고, 일제 식민통치하에서 고난을 겪으며 독립운동도 함께했습니다. 그러나 1948년 이후 모든 게 달라졌고 그 후의 시간은 내내 대결과 증오로 채워졌습니다. 그 중심에는 한국전쟁이 있습니다. 한국전쟁은 그 자체로 비극입니다. '전쟁'은 말 그대로 지옥이니까요. 정확한 통계는 없지만 3년이 조금 넘는 전쟁 기간에 한반도에서 300만~500만 명 정도가 사망, 부상, 실종 등의 피해를 입었다고 알려져 있습니다. 그보다 훨씬 많은 사람이 피란길에 올랐습니다. 또한 남한과 북한 땅 모두 쑥대밭이 되었습니다. 전쟁은 모두에게 깊은 상처를 남겼습니다. 가족과 재산을 잃은 것에 더해 전쟁의 경험 그 자체가 트라우마가 되었지요.

전쟁은 북한의 공격으로 시작됐지만 그 결과에 대해서는 함께 책임질 수밖에 없습니다. 전쟁이 길어져서 인명과 재산 피해가 커졌으니까요. 전쟁이 시작되고 1년 후인 1951년 7월부터 정전협상이 시작됐지만 1953년 7월 27일에야 정전협정에 서명한 것은 전쟁이 필요 이상으로 길어졌음을 말해줍니다. 유엔 연합군을 이끌었던 미군은 남한을 보호한다는 원래 목적을 잊고 한반도에서 공산주의 세력을 말살하려고 늦

게야 정전협상을 시작했고, 이승만 정권은 북진 통일을 해야 한다면서 정전협상을 반대했습니다. 그로 인해 피해를 본 것은 평범한 사람들과 군인들이었습니다. 한반도에 큰 상처를 준 한국전쟁은 정전 후에는 남한과 북한에 서로를 죽도록 미워하고 무한정으로 무력을 키우는 좋은 핑계가 됐습니다.

한국전쟁은 우리 사회에 트라우마가 됐습니다. 서울 용산구에 있는 전쟁기념관 앞에는 '평화의 시계탑'이란 조각상이 있습니다. 무기더미 위의 두 소녀가 각각 시계를 안고 있는 조각상입니다. 위쪽에 있는 남쪽 소녀의 시계는 현재의 시간을 가리키는데, '밝고 힘찬 미래'를 향해 계속 움직이는 시계입니다. 반면 아래쪽에 있는 북쪽 소녀의 시계는 한국전쟁 시작과 함께 멈춰버린 시간을 상징합니다. 통일이 되면 아래쪽 시계를 두 소녀 사이에 설치해 남북이 하나임을 표시할 거라고 합니다. 이 조각상은 통일을 지향한다고 하지만 사실 북한에 대한 적대감과 심지어 '저주'까지 표현하고 있습니다. 남한은 계속 발전하지만 북한은 1950년 6월 25일에서 멈춰버린 사회로 묘사하고 있으니 말입니다. 사실 한국전쟁으로 멈춰버린 시계는 우리 사회 곳곳에 있습니다. 특히 한국전쟁을 겪은 사람 가운데 다수가 북한을 여전히 한국전쟁을 일으킨 당사자로만 기억합니다. 보수 우익 이념을 가진 사람들의 북한에 대한 적대감과 증오도 한국전쟁에 뿌리를 두고 있습니다.

한국전쟁은 우리 사회에 '선택된 트라우마'입니다. 평화학자인 존 폴 레더락John Paul Lederach은 사회를 분단시키고 갈등을 지속시키며 평화로운 삶을 어렵게 하는 원인으로 '우리 앞에 놓인 과거'를 언급합니다. 그중에 '기억된 역사remembered history'가 있습니다. 이것은 집단의 정체성에 절대적 영향을 주는 역사로 '선택된 트라우마'이기도 합니다. 사람은 자기 집단의 정체성을 확인하기 위해 적대적 집단에 공격받고 상처받은 특정 기억에 초점을 맞추고 그것을 강화해 트라우마로 만듭니다. 이렇게 선택된 트라우마는 "집단 간의 방어, 선제 폭력, 심지어 복수에 대한 정당성까지도 부여한다."라고 그는 설명합니다. 기억된 역사는 적대적 상대와 새로운 일에 직면할 때마다 새롭게 기억되고 계속 재생됩니다.* 한국전쟁이 바로 그런 역할을 합니다. 세대에 따라 차이가 있지만 전체 사회 차원에서 보면 그렇습니다. 우리 사회는 한국전쟁을 생생한 집단적 기억으로 끊임없이 재형성해왔습니다. 그리고 그것을 근거로 북한에 대한 증오와 반목을 유지했습니다. 전쟁 자체의 폭력성, 비윤리성, 반인도주의 등을 성찰하고 수많은 희생자를 낸 것에 반성하고 애도하는 접근은 거의 이루어지지 않습니다.

한국전쟁을 북한과 대결하고 북한을 증오하는 데에만 연결짓다 보니 우리 사회에 있었던 '작은 전쟁'에는 관심을 두지 않았습니다. 북한과 남한 사이 이념 대결의 결과였고 많은 사람이 희생됐는데도 말입

* 존 폴 레더락, 김가연 옮김, 『도덕적 상상력』, 글항아리, 2016, 280~296쪽.

니다.

북한이 전쟁을 시작했던 1950년 6월 25일에서 국군이 서울을 다시 찾은 9월 28일까지 약 3개월 동안, 그리고 이후 한 달여 동안 대한민국 곳곳에서 '작은 전쟁'이 벌어졌습니다. 일제 식민통치라는 혹독한 시기에 생겨난 다양한 사상에 대한 호기심이 정치 이념으로 굳어져 생긴 결과였습니다. 1948년 남한과 북한이 갈라지면서 이념 대립이 심해졌고 한국전쟁이 일어나면서 극에 달했습니다. 이념 대립은 마을과 지역을 해치는 독이 됐고 결국 이념으로 갈라진 사람들이 서로를 죽이는 참혹한 일이 벌어졌습니다.

전남 진도의 한 마을에서는 한국전쟁 초기에 167명이 피살됐습니다. 더 기가 막힌 것은 이들이 모두 친족이었다는 사실입니다. 한국전쟁 초기에 경찰이 좌익 측 5명을 학살한 뒤 떠났고 인민군이 들어오자 유가족들이 보복했습니다. 인민군이 철수하던 9월 말부터 10월 초까지 우익 측이 경찰을 앞세워 다시 보복했습니다. 그 결과 한마을에서 167명이 피살된 것입니다.* 충남 당진군 합덕리에서도 좌익과 우익으로 갈린 X마을과 Y마을 주민들이 서로를 처형했습니다. 인민군이 철수할 때 X마을 청년들이 우익 쪽 36명을 처형했습니다. 인민군이 물러간 이후에는 반대 상황이 됐습니다. Y마을 주민들은 X마을 성인을 모두 끌고 가

* 박찬승, 『마을로 간 한국전쟁』, 돌베개, 2010, 31, 39쪽.

보복한 뒤 상당수를 치안대에 넘겼고 그들은 모두 처형됐습니다.** 전남 영암군 영보에서는 한국전쟁 초기에 205명의 주민이 죽었다고 기록돼 있습니다. 그들 중에는 좌익도 있고 우익도 있었습니다. 그런데 가장 많은 비중을 차지하는 것은 좌익도 우익도 아니고 산중으로 피신했다가 피살당한 경우라고 합니다. 군과 경찰, 빨치산 모두를 피해 산으로 갔는데 빨치산 동조세력으로 여겨져 피살당한 겁니다. 특히 10월 17일에는 경찰이 구림이라는 마을을 포위하고 주민들을 모두 나오라고 한 뒤 총격을 가했습니다. 그날 78명이 사망했습니다. 막상 진짜 좌익들은 모두 산으로 후퇴했는데 말입니다.***

위의 사례들은 극히 일부에 불과합니다. 실제로 얼마나 많은 마을과 지역에서 작은 전쟁이 일어났는지 아무도 모릅니다. 조사가 제대로 이루어지지 않았고 주민들도 과거를 입에 담으려 하지 않았습니다. 한국전쟁은 한반도를 민간인 학살의 땅으로 만들었고 모두에게 큰 상처를 남겼습니다. 그런데 우리는 남한과 북한 사이의 전쟁에만 초점을 맞추고 수많은 민간인이 남한과 북한의 전투 때문에, 그리고 이념 대립 때문에 죽거나 학살된 것에 대해서는 잘 알지 못하고 별 관심도 없습니다. 한국전쟁은 북한에 대한 증오와 공격을 위해서가 아니라 한반도와 우리 사회의 비극을 제대로 알고 상처를 치료하기 위해 기

** 박찬승, 앞의 책, 249, 257쪽.
*** 같은 책, 167~169쪽.

억돼야 합니다.

한국전쟁이 단순히 영토와 정치체제를 두고 다투었던 전쟁이 아니라 한반도에 사는 모두에게 비극이었다는 사실을 외면하면서 우리는 전쟁으로부터 별다른 교훈을 얻지 못했습니다. 특히 전쟁의 원인이 됐던 이념 대결에 대해서도 깊이 성찰하지 못했습니다. 그 결과 전쟁 이후 남한과 북한 사이, 그리고 우리 사회에 널리 퍼져 있는 이념 대결을 평화로운 삶을 위한 중요한 문제로 여기지 않았습니다. 불편하고 싫지만 너무 익숙해서 당연하게 생각하면서 살았습니다.

한국전쟁 후에도 계속된 이념 대결을 상징적으로 보여주는 사례가 군사분계선에서 이루어졌던 남한과 북한의 확성기 방송입니다. 1962년 북한이 먼저 대남 확성기 방송을 시작했고 다음 해인 1963년 남한이 그에 대응하는 대북 확성기 방송을 시작했습니다. 남한은 2004년 6월 남북 장성급 군사회담의 합의에 따라 철거했다가 2010년 3월 천안함 사건 이후 다시 확성기를 설치했습니다. 2016년 1월 북한의 제4차 핵실험에 대한 대응으로 대북 확성기 방송을 다시 시작했습니다. 2018년 4월 남북정상회담을 앞두고 국방부가 전면 방송을 중단했고 북한도 이에 응해 방송을 중단했습니다. 55년의 역사가 막을 내린 것입니다. 남한과 북한의 확성기 방송은 상대방 군인들과 민간인들에게 자기 정치 이념과 체제를 홍보하고 설득하기 위한 것이었습니다. 어차피 오갈 수 없는 상황인데도 확성기까지 동원해 이념 대결을 펼쳤던 것입니다.

이로 인해 휴전선 가까이 사는 민간인들이 큰 불편을 겪었음은 두말할 필요도 없습니다.

남한과 북한 사이, 좌우 이념 대결은 우리 일상에 가장 큰 피해를 주었습니다. 앞에서 말한 것처럼 이념 대결은 장기 군사독재를 가능하게 했습니다. 선거 때만 되면 이념 대결에 빠져서 정책과 후보 검증은 뒷전이었습니다. 우리 사회에 존재하는 이념 대립은 자본주의와 공산주의의 대결이 아니라 사회에 존재하는 다양한 정치적 견해의 표출일 뿐입니다. 그런데도 이념 대결의 역사가 서로 다른 것을 인정하지 않는 정치·사회 문화를 만들었습니다. 상대를 무차별 공격하기 위해 '종북'이나 '빨갱이'라는 말이 동원되고 정치적 견해가 다른 사람들이 서로에게 저주의 말을 퍼붓습니다. 한마디로 비정상적인 상황입니다. 한반도에서만 일어날 수 있는 일이고 불행한 한반도 역사에서 비롯된 일입니다.

한반도의 계속되는 중무장화

2006년 10월 9일 북한이 1차 핵무기 실험을 했습니다. 사실 그렇게 놀랄 일도 아니었습니다. 핵무기를 보유하려는 북한의 의도와 움직임은 오래전부터 전 세계가 알고 있었으니까요. 1990년대 중반 북한은 핵무기를 선택했습니다. 냉전이 종식되고 사회주의권이 붕괴한 이후 북한은 국제사회의 정치적 고립에서 벗어나 정권의 안전을 보장하고 경제적 생존을 위한 돌파구를 핵무기 개발에서 찾으려 했습니다. 그래서 비밀리에 플루토늄을 추출하고 1993년 핵확산금지조약NPT, Nuclear Nonproliferation Treaty 탈퇴를 선언했습니다. 그때부터 본격적으로 핵무기 개발이 시작됐고 이를 막으려는 국제사회의 노력도 시작됐습니다. 우여곡절을 겪으면서 핵무기 개발을 둘러싼 북한과 국제사회의 대립과 대화, 수차례의 합의와 결렬, 남한과 북한 사이 긴장은 20년 이상 계속됐습니다. 그렇지만 최종적으로 북한은 체제 보장과 경제 발전을 위한 협상 카드로 핵무기 개발을 선택했습니다.

북한이 핵실험을 하고 핵무기를 실어 나를 미사일 발사 실험을 할 때마다 전 세계가 들썩거렸습니다. 국제사회는 북한이 원하는 체제 보장과 경제 발전의 욕구를 충족시키는 실질적 대응을 하지 못했습니다. 남한도 제대로 된 대응을 하지 못했습니다. 북한이 핵무기 개발에 박차를 가하던 2012년 이후 남한 정부는 대화와 협상이 아닌 강경 대응과 국제사회 제재를 통한 압박으로 일관하면서 시간을 헛되이 보냈습니다. 북한과 국제사회의 협상에서 주도권을 쥐고 있고 북한이 사실상 협상 상대로 생각하는 미국도 북한에 대한 불신과 자국의 정치 문제 때문에 일관성을 가지고 대응하지 못했습니다. 2006년 1차 핵실험 이후 10여 년 동안 북한의 핵실험과 미사일 발사 실험, 유엔의 규탄 성명과 제재

결의가 반복됐습니다. 북한도 남한과 미국, 국제사회의 불신을 없앨 만한 성실하고 설득력 있는 태도와 행동을 보여주지 않았습니다. 2016년과 2017년 북한은 핵무기와 장거리 미사일 개발을 완성하려는 듯 4차부터 6차까지 핵실험을 하고 빈번하게 미사일 발사 실험도 했습니다. 유엔 안보리를 통한 국제사회의 압박과 제재 수위가 높아졌지만 아랑곳하지 않았습니다. 결국 국제사회는 북한의 핵무기 보유를 사실상 인정하게 됐고 미국은 북한의 핵무기 공격에 실제로 위협을 느끼게 됐습니다. 북한과 미국 사이 대립이 극에 달했던 2017년 내내 한반도는 전쟁 위기에 휩싸였습니다. 결과적으로 보면 남한과 북한 사이 불신, 북한과 미국 사이 불신, 남한과 미국, 국제사회의 북한에 대한 이해 부족 등이 북한의 핵무기 개발을 부추겼습니다. 북한은 핵무기로 미국을 위협한 끝에 미국을 협상 테이블로 끌어내는 데 성공했습니다.

북한의 핵무기 개발과 실질적 보유에 대한 우리 사회의 반응은 제각각입니다. 한쪽에서는 핵무기가 위협적인 것은 사실이지만 많은 무기 중 하나라고 생각합니다. 또 한쪽에서는 핵무기는 사용이 목적이 아니라 상대의 공격을 막고 무력의 우위를 보여주려는 것이므로 두려워할 필요가 없다고 합니다. 다른 한쪽에서는 이미 핵무기를 가진 나라들이 있는데 북한이 못 가질 이유가 없다고 합니다. 또 다른 한쪽에서는 북한이 핵무기를 가졌으니 우리도 핵무기 개발을 시작해야 한다고 주장합니다. 각자 나름의 생각으로 판단하는 겁니다. 핵무기는 사용 여부를 떠나서 그 자체로 큰 의미를 가집니다. 한 나라의 핵무기는 존재 그 자체로 주변 국가들과 세계를 위협하고 세계 평화에 도전하는 것입니다.

북한의 핵무기 보유가 한반도에 사는 우리 삶에 던지는 의미는 큽니다. 먼저 한반도에 핵무기가 존재하게 됐다는 것입니다. 이는 한반도가 마침내 무기의 최고 단계까지 도달했음을 의미합니다. 한반도는 세계 어느 곳과도 비교할 수 없는 중무장 지역이 된 겁니다. 또 다른 의미는 이제 한반도의 평화와 통일 문제를 그동안 우리가 수없이 얘기했던 것처럼 자주적으로 다룰 수 없게 됐다는 것입니다. 핵무기 보유를 시도한다는 것은 그 자체로 국제사회 질서를 깨뜨리는 일입니다. 핵무기 보유를 시도한 순간 국제사회에서 매도될 각오를 해야 합니다. 1970년 국제사회의 약속으로 발효된 핵확산금지조약을 어기는 것이니까요. 북한은 핵확산금지조약을 탈퇴하고 핵무기를 개발했으며 국제사회는 그것을 제재해야 할 의무와 책임을 지게 됐습니다. 특히 미국은 북한의 핵탄두가 자국을 향하고 있으니 가만있을 수 없게 됐습니다. 바로 북한이 노린 것이기도 하지요. 그렇지 않아도 미국은 한반도 문제에 지나치게 개입하고 간섭이 심했는데 이제는 더한 명분과 정당성을 가지게 된 겁니다. 한반도에서 평화로 가는 길은 더욱 험난해졌습니다.

한반도의 중무장화와 관련해서는 핵무기 이후까지 생각해봐야 합니다. 북한의 핵무기 보유로 한반도의 무장 상태가 최고점에 다다른 것은 사실이지만 거기서 끝나지 않을 테니까요. 그것을 단적으로 보여주는 것이 우리 정부의 고고도미사일방어체계인 사드 배치 결정입니다. 정부는 북한이 핵개발과 탄도미사일 발사 실험에 열을 올리고 있던 2016년 7월 북한의 핵무기와 미사일 위협에 대응한다는 명분으로 사드 배치를 결정했습니다. 효용성에 대한 논란이 많았지만 끝내 사드를 선택했습니다. 국제사회의 약속 때문에 핵무기를 개발할 수 없는 상황을 핵무기를 제외한 최고의 무기체계로 대응하겠다는 것이지요. 핵무기가 무장화의 최고봉인 것 같았지만 그것을 넘어선 다음 단계가 있다는 사실이 놀라울 따름입니다. 사드 배치로 인해 대한민국은 전 세계 5개국에 7개밖에 없는 사드 기지에 하나를 보태게 됐습니다.

한반도의 중무장화는 계속될 전망입니다. 국방부는 북한의 핵과 미사일 위협에 대응해 한국형 3축체계를 수립했습니다. 2019년 1월 이 용어를 '핵·WMD 대량살상무기 대응체계'로 바꿨습니다. 2018년 시작된 남북 대화와 군사적 긴장 완화 노력에 맞춰 북한을 자극하지 않으려고요. 하지만 사실상의 내용은 여전히 북한의 핵미사일 무장을 겨냥합니다. 이 대응체계는 핵미사일 발사 징후를 탐지한 후의 '선제 타격', 방어체계를 가동하여 핵미사일을 공중에서 요격하는 '한국형 미사일방어', 핵미사일 공격을 받은 이후의 보복인 '압도적 대응'으로 구성돼 있습니다. 핵무기가 끝이 아니라 그에 대응하는 또 다른 무기체계가 얼마든지 있으니 우리 정부는 계속 무장을 강화하겠다는 것입니다. "한반도의 완전한 비핵화와 항구적인 평화정착을 위해" 미사일 대응능력과 태세를 발전시키겠다는 국방부의 〈2018 국방백서〉 내용은* 핵무기에서 한반도의 무장화가 끝나지 않음을 말해줍니다.

한반도의 지속적인 중무장화를 가능하게 하는 것은 국방예산입니다. 우리가 별로 관심을 두지 않고 감시가 소홀한 분야입니다. 우리나라는 2003년 이후 줄곧 전체 정부 예산의 10% 정도를 국방예산으로 쓰고 있습니다. 액수로 치면 2019년의 경우 46조 7천억 원입니다. 지난 10년 동안 국내총생산GDP의 2.6~2.7%를 유지해왔습니다. 당연히 필요한 예산이라고 생각하겠지만 평화로운 나라는 쓸 필요가 없는 예산입니다. 냉전 종식 이후에 다른 나라에서는 대폭 줄어든 것이 바로 국방예산입니다. 우리는 평화의 부재, 또는 불안한 평화 속에서 괜한 돈을 쓰는 셈입니다. 경제 사정이 안 좋은 북한의 경우는 더합니다. 북한의 국방예산은 전체 정부 예산의 16% 정도고, 국내총생산의 24% 정도를 차지하는 것으로 알려져 있습니다. 정부 예산에서 차지하는 비율은 우리와 별로 차이가 없는 것 같지만 국내총생산 비율을 보면 국방비에 엄청난 돈을 쏟아붓는 것이지요. 2017년 현재 액수로는 우리 국방예산의 4분의 1 정도인 것으로 알려졌습니다. 남한과 북한 모두 국방예산이 높은 것을 알 수 있습니다. 그 결과가 바로 한반도의 중무장화인 셈이지요.

* <2018 국방백서>, 54쪽.

한반도의 지속적인 중무장화를 가능하게 하는 것은 국방예산입니다. 우리가 별로 관심을 두지 않고 감시가 소홀한 분야입니다. 우리나라는 2003년 이후 줄곧 전체 정부 예산의 10% 정도를 국방예산으로 쓰고 있습니다. 액수로 치면 2019년의 경우 46조 7천억 원입니다. 지난 10년 동안 국내총생산의 2.6~2.7%를 유지해왔습니다. 당연히 필요한 예산이라고 생각하겠지만 평화로운 나라는 쓸 필요가 없는 예산입니다.

2018년에 남북 대화가 시작됐으니 국방예산도 줄어들었을 거라고 생각하겠지만 전혀 그렇지 않습니다. 2019년의 국방예산인 46조 7천억 원은 2018년보다 8.2% 증가한 것으로 2008년 이후 최대 증가율입니다. 국방예산은 크게 두 부분에 쓰입니다. 하나는 전력운영비인데 병력과 군 시설, 전력 등을 운영하는 비용으로 70% 정도를 차지합니다. 현재 규모의 군을 유지하는 데 통상 들어가는 비용이라고 볼 수 있습니다. 다른 하나는 방위력개선비인데 전력을 강화하기 위해 새로운 무기를 구입하고 연구개발을 하는 데 쓰는 비용으로 30% 정도입니다. 2019년 예산을 보면 방위력개선비가 이전의 31.3%에서 32.9%로 증가했습니다. 돈으로 치면 15조 3천억 원이 훌쩍 넘습니다. 그중에서도 '핵·WMD 대응체계'를 갖추는 예산이 2018년보다 16.2%나 늘어서 5조 691억 원입니다.

지금도 많아 보이는 국방예산은 계속 늘어날 예정입니다. 국방부가 발표한 국방중기계획은 2019년에서 2023년까지 5년 동안의 총 국방비를 270조 7천억 원으로 잡았습니다. 연간 평균 증가율은 7.5%입니다. 특히 방위력개선비는 계속 올라서 2023년에는 전체 국방예산의 36%를 차지해 22조 5천억 원이 됩니다. 5년 동안 방위력개선비에 쓰일 금액은 총 94조 1천억 원에 달합니다. 이 돈이 모두 무기 구입에 쓰이는 것은 아닙니다. 연구개발에 21조 9천억 원 정도가 들어갈 예정입니다. 그런데 이것도 무기체계와 기술개발에 쓰이는 돈이라 구분하는 것이 별 의미가 없습니다. 정부와 국방부는 첨단 전력을 갖추고 인구 감소와 복무 기간 단축으로 병력이 줄어들면 새로운 전력을 확보해야 하므로 방위력개선비를 늘려야 한다고 주장합니다. 그럴듯하게 들리기도 합니다. 그런데 단순한 결론은 앞으로도 국방예산은 계속 늘어난다는 사실입니다.

다른 나라도 국방예산을 많이 쓸 거라고 생각할 수 있습니다. 그런데 그렇지 않습니다. 2018년 우리나라는 세계 국방비 지출 순위에서 10위를 차지했습니다. 이 작은 나라가 말입니다. 한국은 무기를 가장 많이 수입하는 나라 중 하나이기도 합니다. 2014년에는 내전 중인 나라들을 제치고 전 세계에서 무기를 가장 많이 수입한 나라라는 '불명예'를 안았습니다. 『2018 세계방산시장 연감』에 따르면 2008년에서 2017년까지 10년 동안 미국산 무기 수입국 3위를 차지했습니다. 국제 기준을 적용해도 우리나라는 무기에 쓰는 비용이 지나치게 많은 것을 알 수 있습니다.

이 모든 것이 북한의 무력 강화와 핵무기 때문이라고 주장할 수 있습니다. 그러나 무력 경쟁은 남한과 북한이 함께해온 것입니다. 또 북한의 핵무기에 대응할 무기체계를 남한이 계속 갖추어가기 때문에 북한과 마찬가지로 한반도의 중무장화에 기여합니다. 실제 핵무기만 빼면 우리 전력이 북한보다 월등하고 첨단무기를 거의 갖추고 있습니다. 이런 현실을 보면서 여러 가지 질문을 하게 됩니다. 이렇게 무장화를 가

속하는 방식으로 한반도는 평화로워질까요? 핵무기만 없어지면 되는 것일까요? 최소한 평범한 나라 수준으로 무장화를 낮출 수는 없을까요? 우리는 무력 강화를 통해 평화를 이룰 수 있다는 주장에 길들여진 것이 아닐까요? 북한과의 정치적, 군사적 대결을 핑계로 군사화와 무장화에 너무 몰입하는 것은 아닐까요? 새로운 시각으로 이 모든 것을 분석하고 성찰해봐야 하지 않을까요?

평화적 공존으로 가는 길

2019년 '세계평화지수Global Peace Index'에 따르면 우리나라의 평화지수는 55위로 전년보다 6위나 떨어졌습니다. 냉전 종식 이후 자본주의 사회가 된 동유럽 국가들이나 정치와 사회가 불안한 아프리카와 남미 국가들보다 낮은 순위입니다. 이 순위는 사회적 안전과 안보 수준, 국내와 국제사회에서의 갈등, 군사화 수준 등을 기준으로 평가한 결과입니다. 55위라는 순위에는 북한의 핵무기 개발과 그에 대응하는 남한의 첨단 전력 강화로 인한 남한과 북한의 정치적 군사적 긴장, 북한과 미국의 대립, 남북과 북미 비핵화 회담의 교착 상태 등 2018년 남북정상회담 이후에도 여전히 불안한 한반도 상황이 반영돼 있습니다. 그런 사실을 고려해도 55위는 우리의 민주주의 역사와 수준, 경제발전 정도,

사회환경 등을 생각하면 자괴감을 느끼게 합니다. 이 순위의 의미는 두 가지입니다. 하나는 세계의 보편적 기준으로 볼 때 무력과 무장화가 평화로운 삶을 보장하지 않는다는 것입니다. 다른 하나는 한반도의 무장 수준이 낮아지고 군사적 대결이 사라져 남북 공존의 환경이 이루어져야 평화가 가능해진다는 것입니다.

그런 점에서 2018년은 의미 있는 해였습니다. 1월부터 시작된 남북관계 개선, 세 차례의 남북정상회담, 북미정상회담, 남북군사합의와 상호 공격 중단, 평창올림픽 기간 동안 한미군사훈련 중단, 비핵화와 평화체제에 대한 남북 정상의 합의 등이 이루어졌습니다. 이런 정치적, 군사적 합의와 결정은 우리 일상에 직접적인 영향을 미쳤습니다. 처음으로 전쟁과 무력 충돌의 위험이 없는 한 해를 보냈으니까요. 한반도에 사는 모두에게 한국전쟁 이후 처음으로 최소한의 평화가 보장된 해였습니다. 바꿔 말하면 그동안 우리는 한 번도 제대로 된 평화를 경험하지 못했다는 뜻입니다. 이 또한 자괴감을 느끼게 합니다.

2018년을 돌아보면 우리는 왜 일찍이 이런 선택을 하지 못했을까 싶습니다. 한국전쟁 이후 분명히 기회가 있었습니다. 평화 이론을 적용해 보면 한국전쟁을 끝낸 정전협정은 불완전하지만 최소한의 평화가 이루어진 것을 뜻합니다. 피스메이킹peacemaking, 즉 '평화만들기'가 성공한 것이지요. 그 이후의 상황은 피스키핑peacekeeping, 즉 '평화지키기'로 정전협정으로 이루어진 평화를 유지하는 시간이었습니다. 전쟁을 겪은 나라들이나 무장세력들이 일반적으로 거쳐야 하는 시간입니다. 이 시간을 잘 보내면 평화를 회복하고 정착시키는 피스빌딩peacebuilding, 즉 '평화세우기'에 성공할 수 있습니다. 이런 노력이 제대로 이루어졌다면 남북은 이미 오래전에 정전협정을 평화조약으로 바꾸고 공존을 이루었을 겁니다. 이미 통일이 됐을지도 모르지요. 그런데 우리는 평화를 유지하는 것조차 실패했습니다. 그리고 전쟁까지는 아니지만 여러 번 무력 충돌이 벌어지기도 했습니다. 물론 미국과 중국을 포함한 국제사회의 영향도 작용했습니다. 그러나 그것은 부분적 영향일 뿐 완벽한 핑계가 되지 못합니다. 우리는 말로는 '통일'을 얘기하면서 분단을 끝내고 북한과 공존하는 삶을 원치 않았습니다. 그러려면 한국전쟁의 트라우마를 치료하기 위해 노력했어야 했는데 오히려 그 트라우마를 복수의 도구로 이용하는 데 몰두했습니다. 한국전쟁 이후에 놓친 기회, 그리고 지금까지 이어진 상황은 우리가 한반도에서 평화에 대해 얼마나 무관심하고 의지가 없었는지를 적나라하게 보여줍니다.

천만다행으로 2018년에 우리는 다시 기회를 얻었습니다. 무력 충돌과 전쟁의 위험이 사라지고 다시 '평화지키기'의 상황이 이루어졌습니다. 하지만 이는 평화를 향한 긴 여정에서 보면 첫걸음을 뗀 것에 불과합니다. 정치적, 군사적 합의가 남북의 공존과 한반도 평화를 보장하지는 않으니까요. 기회를 잃을 위기가 시시때때로 찾아오기도 할 겁니다. 그럼에도 우리가 가야 할 방향은 당연히 평화를 회복하고 정착시키는

'평화세우기'입니다. '평화세우기'의 성공과 실패는 우리가 얼마나 평화로운 삶을 원하느냐에 달려 있습니다.

개인 사이에서든 집단 사이에서든 평화로운 삶을 가능하게 하는 것은 기본적으로 서로의 존재를 인정하고 존중하고 이해하면서 공존하는 것입니다. 한반도 평화도 마찬가지입니다. 남한과 북한, 남한 사람과 북한 사람의 공존이 한반도의 평화를 가능하게 합니다. 그러므로 우리는 무엇보다도 먼저 공존을 실현해야 합니다.

남북의 공존을 위해서는 몇 가지 실천이 필요합니다. 첫째는 평화로운 한반도에 대한 비전, 그러니까 미래 상황에 대한 통찰력이 필요합니다. 물론 이 비전은 먼저 우리 사회에서 공유와 합의가 되어야 하고 북한 사회와도 합의해야 합니다. 평화협정, 비핵화, 평화구축 같은 정치적 합의에 포함된 내용에 더해 한반도에 사는 모든 사람의 평화로운 삶을 성취한다는 공동의 목표를 세워야 합니다. 둘째는 북한을 공존과 평화를 위해 함께 일하는 파트너로 인정해야 합니다. 물론 북한도 남한을 그렇게 대해야겠지요. 그러기 위해서는 북한을 존중하고 이해하려고 노력해야 합니다. 서로를 죽이고 파괴했던 한국전쟁 이후 수십 년 동안 적으로 살았지만 한반도에서 공존하려면 반드시 거쳐야 하는 과정입니다. 이는 우리뿐만 아니라 북한으로서도 힘든 일입니다. 그러므로 공존이 필요한 한반도 상황에 대한 공동의 이해와 노력이 필요합니다. 셋째는 모든 문제를 대화로 해결한다는 원칙을 세워야 합니다. 수십 년 동안 으르렁거리다가 하루아침에 좋은 친구가 될 수는 없습니다. 남한과 북한은 1948년 이전까지 함께 살았고 한 민족이라는 명분이 있지만 그것과 상관없이 수십 년 동안 적으로 살았습니다. 대화로 문제를 해결하는 것보다 싸우고 대립하는 데 더 익숙했습니다. 그러나 공존과 한반도 평화를 위해서는 환골탈태해야 합니다. 대화의 원칙은 서로 대립하는 개인과 집단 사이에도 적용됩니다. 오랜 세월 이념 대립과 갈등으로 갈라져 살아왔지만 지금부터라도 한반도에서 평화롭게 살기 위해 공존하는 방법을 배워야 합니다. 대화로 눈앞에 닥친 문제를 하나씩 해결하고 단절을 극복하면서 말입니다.

북한과의 공존은 한반도에 사는 우리의 운명입니다. 공존하지 못하면 우리 삶이 안전하지도 행복하지도 못하니까요. 물론 북한도 우리와 같은 운명입니다.

'평화만들기', 그러니까 싸움과 충돌을 끝내고 최소한의 평화를 이룬다는 이 말은 평화가 그냥 주어지는 것이 아니라 다양한 노력을 통해 이루어지는 것임을 말해줍니다. 한반도의 평화도 우리가 노력해야 이루어지고 지켜지고 정착될 수 있습니다. 우리가 어떤 선택을 하느냐에 따라 한반도에 사는 우리의 이야기와 미래 세대의 이야기까지 행복한 결말이 될 수도 있고 슬픈 결말이 될 수도 있습니다.

6강

폭력사회의 평화문화

피해를 주는 폭력, 만족을 주는 폭력

2014년 9월 6일 서울 광화문광장에 100명 정도가 모였습니다. 이들이 모인 이유는 '세월호특별법 제정'을 요구하며 단식하는 세월호 참사 유가족들과 시민들 앞에서 이른바 '폭식투쟁'을 하기 위해서였습니다. 이들은 피자와 김밥을 잔뜩 시켜 먹고는 '906 광화문대첩'이라며 자축했습니다. 사람들은 경악했습니다. 보도 듣도 못한 시위여서가 아니라 인간사회의 기본적인 금기를 건드렸기 때문입니다. 이들은 사랑하는 가족을 억울하게 잃고 진실을 밝히려고 나선 사람들을 공격하고 조롱하는 것을 넘어서 인간사회의 기본을 부정했습니다. 오로지 상대를 공격하고 조롱하려고 '폭식'을 하는 것은 인간에 대한 기본적인 예의와 인간사회에서 지켜야 할 기본윤리를 내팽개친 것으로 여겨졌습니다. 누군가를 괴롭히려고 음침한 곳에서 몰래 그럴지언정 햇빛 쏟아지는 벌건 대낮에, 그것도 사람이 잔뜩 모인 광장에서 보란 듯이 할 일은 아니었습니다. 하지만 그들은 너무나 당당하고 요란하게, 심지어 즐겁고 자랑스럽게 대중 앞에서 공연을 하듯 폭식 장면을 연출했습니다.

폭식투쟁에 참여한 사람들은 대부분 일간베스트저장소[일베] 회원이었습니다. 일베는 극단적인 조롱과 혐오 표현으로 2013년부터 사회적으로 주목과 경계를 동시에 받았습니다. 그들이 광장으로 나온 것은 그때가 처음이었습니다. 그것은 '용기'였을까요, 철딱서니 없는 자들의 '치기'였을까요? 사실은 자신들의 모습이 부끄러웠지만 아닌 척한 것일까요, 아니면 진심일까요? 일반 상식으로는 이해할 수 없는 행동에 오히려 다른 사람들이 무수한 질문을 쏟아내며 고민했습니다. 다양한 분야에서 여러 가지 분석이 있었습니다. 사회에서 소외된 자들이 '인정'받고 싶은 욕구 때문에 저지른 일이다, 보수 성향인 그들이 정치적 보수와 연대해 세력을 키우기 위해서 그랬다, 정부에 이런저런 요구를 하는 것을 '떼쓰기'로 보고 자기들 나름대로 정의를 지키려고 그랬다 등의 얘기가 나왔습니다. 그들의 행동을 한마디 말이나 하나의 시각으로 설명하기는 힘듭니다. 그런데 평화의 시각에서 보면 한 가지가 분명히 보입니다. 그들은 다른 사람들에게 폭력을 가하고 상처를 입힘으로써 만족과 기쁨을 얻었다는 것입니다. 그리고 자신들의 존재를 확인했다는 것입니다. 폭식투쟁 이후 일베 사이트에서는 '광화문대첩'과 관련된 게시물들이 모두 상위권을 차지했고 그들은 자못 만족스러워했다니 말입니다.

파키스탄 출신 아버지와 한국인 어머니를 둔 18세의 A군은 초등학교 때부터 괴롭힘을 당했습니다. 검은 피부색 때문이었습니다. 아이들은 A군을 '튀기, 초코파이, 깜둥이'로 불렀습니다. 몇몇은 쉬는 시간에 이유 없이 발로 차고 놀리는 등 집중적으로 괴롭혔습니다. A군은 등교해서 하교할 때까지 "욕밖에 들은 말이 없었다"고 말했습니다.* 16세인 B군은 학교를 '다시는 돌아가고 싶지 않은 곳'이라고 표현했습니다. 공부가 힘들어서가 아니라 아이들의 따돌림과 구타를 견딜 수 없어서입니다. 한국인 아버지와 필리핀인 어머니 사이에서 태어난 B군도 초등학교 시절부터 학교폭력에 시달렸습니다. 중학교에 진학해서도 마찬가지였습니다. 폭력이 밝혀지고 가해 학생이 전학을 가도 다른 학생들이 따돌림을 이어받았습니다. B군은 중학교를 졸업한 후 결국 대안학교로 진학했습니다.** B군과 비슷한 이유로 학교를 그만두는 이른바 '다문화가정' 자녀가 해마다 천 명 정도라고 합니다.*** 2018년 인천시교육청은 인천에 있는 다문화가정 학생이 약 6천 명인데 그중 63.1%가 학

* <중앙일보>, 2018년 12월 13일자 기사 참고.

** <국민일보>, 2019년 2월 25일자 기사 참고.

*** '다문화가정'보다 '국제결혼 가정'이 더 정확하고 편견 없는 용어이지만, 편의상 일반적으로 쓰는 '다문화가정'을 쓰기로 한다.

교에 다니지 않는다고 했습니다. 모두가 학교폭력 때문이라고 할 수는 없지만 그 이유가 큰 것으로 짐작됩니다.

다문화가정 아이들은 초등학교 때부터 학교폭력을 경험하고 중학교, 고등학교에 갈수록 적응하기가 힘들어져 학교를 그만둔다고 합니다. 특히 의무교육이 아닌 고등학교의 경우엔 전체 다문화가정 아이들의 20% 정도가 차별과 따돌림 때문에 학교를 그만둔다고 합니다. 2015년 여성가족부의 '전국 다문화가족 실태조사'에 따르면 다문화가정 자녀가 겪는 학교폭력 피해 중 협박과 욕설이 65.1%로 압도적으로 많았습니다. 그다음은 집단따돌림으로 34.1%였습니다. 채팅, 이메일, 휴대전화 욕설 등이 10.9%, 폭행 및 감금이 10.2%, 돈과 물건 갈취가 9.5%를 차지했습니다. 국가인권위의 2015년 조사에 의하면 다문화가정 아이 중 36.6%가 따돌림을 당하거나 무시당한 적이 있다고 답했고, 25%가 피부색이 달라 놀림당한 적이 있다고 답했습니다. 학교폭력이 심각한 사회문제가 된 와중에 특히 다문화가정 아이들이 피해를 입고 있음을 각종 자료가 보여줍니다.

다문화가정 아이들을 괴롭히고 따돌리며 온갖 폭력을 가하는 것은 비정상적인 일입니다. 민주주의 사회에서, 전 세계 다양한 사람이 살아가는 우리 사회에서 인종이나 민족이 다르다는 이유로 차별하고 괴롭히는 일이 일어났으니까요. 물론 괴롭히는 아이들보다 잘 어울리는 아이들이 더 많습니다. 그렇지만 통계가 보여주는 것처럼 피해가 너무 큽니다. 아이들은 왜 다문화가정 아이들을 콕 집어서 괴롭힐까요? 그렇게 해서 얻는 것은 무엇일까요?

전문가들은 아이들이 다문화가정 아이들을 괴롭히는 것은 문화와 피부색, 언어가 다르기 때문이라고 말합니다. 누구나 짐작할 수 있는 내용입니다. 그런데 정말 그게 다일까요? 다문화가정 아이들이 피부색은 좀 차이가 있을지 몰라도 대부분 한국에서 태어나 자랐기 때문에 문화와 언어는 같은데 말입니다. 사실 거기에는 다른 이유가 있는데 바로 다문화가정 아이들을 만만하게 보기 때문입니다. 다문화가정 아이들이 주변으로부터, 심지어 학교와 부모로부터 충분히 보호받지 못하기 때문에 괴롭히는 겁니다. 주변 아이들과 학교는 무관심하고 부모는 바쁘고 힘이 없으니까요. 그리고 더 근본적인 이유가 있습니다. 바로 약하고 소외된 아이들을 괴롭힘으로써 즐거움과 만족감을 얻기 때문입니다. 폭력을 당하는 아이들이 고통스러워해도 죄책감이나 연민을 느끼지 않습니다. 오히려 재미있게 생각하고 자기가 더 힘이 있다며 만족해합니다. 그렇게 자기에게 이익이 되기 때문에 반복적으로 괴롭히는 겁니다.

대부분은 폭력을 부정적인 것으로 이해합니다. 다른 사람에게 피해를 주니까요. 그래서 폭력을 가한 경우에는 불편하고 괴로운 감정을 느낍니다. 그런데 다른 사람에게 피해를 줌으로써 만족감을 느끼는 사람도 있습니다. 폭식투쟁을 한 사람들과 다문화가정 아이들을 괴롭힌 아이들이 그런 경우입니다. 그들이 의학적으로 병이 있거나 연쇄살인범처럼 잔혹해서가 아닙니다. 누군가에게 피해를 입힘으로써 재미와 즐거움을 얻는 일이 별로 문제가 되지 않는다고 생각하기 때문입니다. 왜 그럴까요?

힘을 숭배하는 사회

가해와 피해의 문제에서 주목해야 하는 것은 가해자와 피해자의 '힘의 관계'입니다. 항상 더 힘이 있는 쪽이 가해를 합니다. 사실 당연하지요. 이런 단순한 사실은 피해를 당하는 쪽이 잘못이 있어서가 아니라 약하기 때문임을 말해줍니다. 그런데 우리는 이 간결하고 명료한 진실을 잊곤 합니다. 그래서 무슨 일이 생기면 "피해자가 뭔가 잘못을 했으니까 그랬겠지."라고 의심합니다. 가해자가 자신과 친분이 있는 경우라면 더욱 피해자의 잘못을 찾아내려고 합니다. 자신 또는 지인이 가해자가 됐을 때 기꺼이 이런 논리의 오류에 빠지고 싶어 합니다. 그래야 가해 행위를 정당화할 수 있으니까요.

가해와 피해가 생기는 이유는 가해자가 피해자와의 힘의 차이를 적극적으로 이용하기 때문입니다. 가해자는 먼저 자기의 힘을 가늠합니다. 물론 그 힘은 상대적이지요. 가해자는 자기가 더 힘이 있다고 판단하면 상대를 공격하는 데 주저하지 않습니다. 이것은 두 가지 효과가 있습니다. 하나는 상대에게 힘의 우위를 알려서 자기를 두려워하게 만드는 것이고, 다른 하나는 상대를 공격함으로써 자기만족과 이익을 얻는 것입니다. 간혹 상대적으로 약한 쪽이 공격하는 경우도 있지만 그것은 위험을 피하려는 몸부림이거나 사고인 경우가 대부분입니다.

폭식투쟁을 한 일베 회원들의 사례를 볼까요? 폭식투쟁 전까지 그들은 온라인 공간에서만 활동했습니다. 자기들이 싫어하는 정치인이나 여성에게 온갖 혐오와 비하 표현을 일삼으며 놀이처럼 즐겼습니다. 세월호 참사 피해자와 유가족을 조롱하고 비하하며 혐오 표현도 서슴지 않았습니다. 그렇지만 밖으로 드러낼 만큼 떳떳하지는 않다고 생각했는지 자기들끼리 모인 온라인 공간에서만 했습니다. 특정인을 직접 공격할 만큼 힘이 있다고 생각하지도 않았습니다. 그런데 세월호 참사 유가족들에게 일부 대중과 정치인들이 부정적 시각을 드러내며 비난하자 자기들의 행위도 크게 문제 될 게 없다고 생각했던 것 같습니다. 그러면서 자기들과 비슷하게 표현하는 사람들을 동조자 또는 지지자로 간주하고 자기들에게 힘이 생겼다고 판단했을 겁니다. 그래서 '용감하게' 밖으로 나왔던 겁니다. 세월호 참사 유가족들보다 더 힘이 있으니 그들을 공격해도 된다고 생각했던 것입니다.

다문화가정 아이들을 괴롭히고 무시하는 아이들은 어떻게 볼 수 있을까요? 그 아이들도 자신들이 다문화가정 아이들보다 힘이 있다는 것을 알았습니다. 자기들은 부모가 모두 한국 사람이고, 얼굴색은 대다수 한국인과 같으며, 한국어도 훨씬 잘하니 말입니다. 자기들은 누구도 무시할 수 없는 사회의 당당하고 순수한 일원이고 다문화가정 아이들은 사회가 어쩔 수 없이 받아들인 '혼혈'이라고 생각하는 겁니다. 더군다나 다문화가정 아이들은 학교나 선생님들도 별 관심이 없고 주변의 어른들도 무시하니까요. 그래서 마음대로 공격해도 상관없다고 생각합니다. 다른 아이들을 괴롭히고 무시하면 조금 양심의 가책을 느끼지만 다문화가정 아이들은 사회가 인정해주지 않으니 맘 놓고 괴롭혀도 괜찮다고 생각하는 겁니다. 일반 학교폭력 사례보다 다문화가정 아이들 사례가 더 많은 것은 이런 이유 때문입니다.

주목할 것은 일베 회원들이든 다문화가정 아이들을 괴롭히는 아이들이든 그들이 가졌다고 생각하는 힘이 그들 스스로 만든 것이 아니라 사회가 만들어주었다는 점입니다. 폭식투쟁을 한 일베 회원들은 일반 대중과 정치인의 묵인과 동조가 없었다면 감히 광장으로 나와 단식하는 사람들을 조롱하고 공격하지 못했을 겁니다. 다문화가정 아이들을 괴롭히는 아이들 또한 사회와 대중이 다문화가정 아이들을 무시하지 않았다면 학교폭력을 저지르는 다른 아이들처럼 숨어서 그런 짓을 했을 겁니다. 이는 사회가 개인에게 가해할 수 있는 힘의 원천이 되고 정당성을 제공해줌을 의미합니다.

힘의 관계를 악용해서 이루어지는 폭력, 그리고 근본원인인 사회의 문제는 힘에 의존하고 힘을 숭배하는 우리 사회의 비뚤어진 문화와 관련돼 있습니다. 이런 사례는 사회 곳곳에서 찾을 수 있습니다. 그중에서도 일반적인 것이 나이를 내세우는 일입니다. 사람을 만나면 서열을 확인하고 '나이 힘'을 과시하려고 나이부터 물어봅니다. 나이가 적은 사람이 그러는 경우는 거의 없습니다. 예전에는 태어난 해를 기준으로 연장자를 구분했습니다. 그런데 이제 같은 해에 태어났어도 연초인지 연말인지 따집니다. 많아야 10개월 정도 차이인데 말입니다. 부질없어 보이지만 그것을 진지하게 따지는 사람들을 보면 나이로 서열을 만드는 일을 얼마나 중요하고 심각하게 생각하는지 알 수 있습니다. 나이 서열을 만드는 것은 존중하고 예의를 지키기 위해서가 아니라 힘의 관계를 확인하려는 것입니다. 연장자를 따르고 복종하라는 무언의 압력이기도 합니다. 우리 사회가 나이를 강력한 힘의 원천으로 생각하기 때문에 벌어지는 일이지요. 이것은 힘에 의존하고 힘을 숭배하는 문화 때문입니다.

다른 사례도 많습니다. 가족 배경, 출신 학교, 교육 수준, 인맥, 직위 등을 힘의 원천으로 삼아서 과시하는 사람이 많습니다. 심지어 키, 몸무게, 얼굴 등 외모를 과시하는 사람들도 있습니다. 자기에게 유리한 힘의 관계를 만들면 다른 사람을 복종시키고 자기 맘대로 할 수 있다고 생각하기 때문입니다. 그들 모두 힘을 숭배하는 사람들입니다. 힘의 숭배가 낳은 사회현상 중 하나가 바로 '갑질'입니다. 갑질은 '갑을 관계'에

힘의 관계를 악용해서 이루어지는 폭력, 그리고 근본원인인 사회의 문제는 힘에 의존하고 힘을 숭배하는 우리 사회의 비뚤어진 문화와 관련돼 있습니다. 이런 사례는 사회 곳곳에서 찾을 수 있습니다. 그중에서도 일반적인 것이 나이를 내세우는 일입니다. 사람을 만나면 서열을 확인하고 '나이 힘'을 과시하려고 나이부터 물어봅니다. 자기에게 유리한 힘의 관계를 만들면 다른 사람을 복종시키고 자기 맘대로 할 수 있다고 생각하기 때문입니다.

서 나온 말입니다. 계약서를 쓸 때 계약하는 사람이나 회사를 갑과 을로 표기하는데 보통 갑이 유리한 위치, 그러니까 일을 시키거나 고용하는 위치에 있습니다. 우리 사회에서는 '갑'에게 당연히 더 힘이 있다고 생각하고 대부분의 '갑'도 그렇게 생각합니다. 그렇지만 '갑'이라고 모두 '갑질'을 하는 것은 아닙니다. '을'에게 자기 힘을 과시하고 복종하게 함으로써 원하는 것을 얻고 만족감을 얻으려는 사람이나 회사가 갑질을 합니다. 이 또한 힘을 숭배하는 생각과 태도에서 비롯된 것입니다.

힘을 숭배하는 사회는 당연히 건강하지 않습니다. 사람들 사이에 서로 존중하고 배려하고 이해하는 관계가 아니라 힘을 이용한 억압과 복종의 관계가 만들어지니까요. 그런 사회에서는 누구라도 가해자와 피해자가 될 수 있습니다. 힘은 절대적이 아니라 상대적인 특징이 있기 때문입니다. 모든 사람은 누군가보다 힘이 세지만 다른 누군가보다는 약합니다. 힘의 기준이 나이든, 재산이든, 교육 수준이든, 인맥이든, 직위든 마찬가지입니다. 누군가에게는 힘을 과시할 수 있지만 다른 누군가에게는 힘을 인정하고 굴복해야 합니다. 자신의 힘이 누군가보다 약해서 언제 어떻게 공격과 괴롭힘을 당하고 피해를 입을지 알 수 없습니다. 우리 사회에는 이렇게 힘을 숭배하는 문화가 넓게 퍼져 있습니다. 그러니 누구도 완벽하게 안전하고 행복할 수 없습니다.

폭력문화와 평화문화

힘을 숭배하는 문화에서는 개인의 고유한 특징과 차이를 자연스러운 다름으로 보지 않고 힘의 관계를 이루는 구성 요소로 취급합니다. 인간이 후천적으로 얻은 지식, 정보, 인맥, 교육 수준, 재산 수준 등은 말할 것도 없고 자연적으로 얻은 인종, 민족, 국적, 성별, 부모까지 말입니다. 한 인간의 존재와 삶을 결정짓는 모든 조건을 따져서 힘이 있는지 없는지 판단합니다. 다른 사람뿐만 아니라 자신에 대해서도요. 그래서 자기보다 힘이 있는 사람에게는 공손하고 예의 바르게 행동하며, 자기보다 힘이 약한 사람에게는 명령하고 복종을 요구합니다. 개인뿐만 아니라 집단 사이에서도 마찬가지입니다.

자연스럽게 힘의 관계를 만들고 그에 맞는 태도와 행동을 요구하는 것은 사회나 공동체가 힘을 숭배하는 문화에 익숙하기 때문입니다. 이는 곧 폭력을 숭배하는 것을 의미합니다. 힘을 숭배하는 사람들은 힘있는 쪽의 이익을 위해 힘이 약한 쪽이 불이익을 당하거나 신체에 해를 입어도 아무렇지 않게 받아들입니다. 이렇게 힘을 숭배하고 폭력을 인정하는 사회는 폭력문화가 만연한 사회입니다.

폭력문화에서는 특히 피해자의 생각과 태도, 행동에 관심을 가져야 합니다. 폭력문화가 만연한 곳에서는 피해자도 힘을 숭배하고 힘의 관계를 지지합니다. 여기서 두 가지 중요한 문제가 발생합니다. 하나는 피해자가 자신의 피해를 알지 못하거나 둔감하다는 것입니다. 피해자는 당장 힘이 약해서 가해자에게 맞서지 못하더라도 자신이 피해를 당한다는 사실을 알아야 합니다. 그래야 추가 폭력을 막고 폭력의 피해에서 벗어나려고 노력할 수 있습니다. 그런데 스스로 피해를 알지 못하거나 둔감하니까 폭력을 막는 것도 폭력에서 벗어나는 것도 힘들어집니다. 다른 하나는 피해자 역시 자신에게 유리한 힘의 관계를 만들고 싶어 하고 자신이 가해할 피해자를 찾으려 한다는 것입니다. 학교폭력에 시달리는 피해자가 동네에서 자기보다 어린 아이를 찾아 괴롭히고, 직장에서 갑질에 시달리는 사람이 퇴근해서 아내와 아이들에게 분풀이를 하고, 상사의 폭언과 폭행에 시달리는 사람이 아랫사람에게 똑같이 대하고, 호되게 시집살이를 겪은 시어머니가 며느리에게 시집살이를 시키는 것이 그러한 사례입니다. 이는 피해자가 자신이 당한 일을 폭력으로 생각하지 않고 힘이 생기면 끝나는 일이라고, 자기도 힘이 있으면 똑같이 해도 된다고 생각하기 때문에 벌어지는 폭력의 대물림입니다. 폭력문화가 만연한 사회의 씁쓸하고 무서운 모습입니다.

피해자가 다른 피해자를 찾아 폭력을 가하는 것을 2차 폭력secondary violence이라고 부릅니다. 2차 폭력은 구조적 폭력의 피해자가 자기가 당한 피해를 극복하거나 보상받기 위해 다른 사람에게 가하는 폭력을 말합니다. 어찌 보면 비겁한 일이라고 할 수 있지요. 사실 앞에서 얘기한 모든 폭력 사례는 구조의 문제와 연결돼 있습니다. 폭력에 둔감하여 폭력을 없애려고 적극적으로 노력하지 않는 학교, 마을, 회사, 가족의 구조, 그리고 더 근본적으로는 구성원들 사이에 힘의 관계를 만들어 집단을 유지하는 구조에서 비롯된 폭력입니다. 최초의 가해자는 허술한 구조를 이용해 피해자에게 폭력을 가한 것입니다. 2차 폭력의 가해자는 그런 구조를 자기 힘으로 바꿀 수 없으니 만만한 피해자에게 분풀이를 해서 심리적, 정신적 보상을 받은 것이고요. 그러나 2차 폭력이 생기는 더 근본적인 이유는 앞에서 말한 것처럼 2차 폭력의 가해자가 자신이 당한 폭력과 자신이 가하는 폭력을 폭력으로 인식하지 못하기 때문입니다. 한마디로 폭력에 무지하고 둔감한 것이지요. 2차 폭력이 많은 사회는 폭력문화가 넓게 퍼져 있는 사회라고 볼 수 있습니다.

폭력문화를 대체하는 것은 평화문화입니다. 평화문화는 유별난 사회에서 얘기하거나 평화의 가치를 중요하게 생각하는 몇몇 사람이 주장하는 것이 아닙니다. 세계가 보편적으로 추구하는 문화입니다. 1999년 10월 6일 유엔총회에서 유엔 평화문화선언Declaration on a Culture of Peace을 채택했습니다. 이 선언은 평화문화가 "가치, 태도, 전통, 행동, 생활 방식"으로 구성된다고 말합니다. 평화문화가 우리의 평범한 일상과 관련돼 있다고 말합니다. 나아가 이런 구성 요소들이 "생명 존중, 폭력 종식, 그리고 교육, 대화, 협력을 통한 비폭력 권장과 실행"에 기초한다고 설명합니다. 선언에서는 평화문화가 인권 증진, 자유 존중, 여성과 남성의 평등한 권리, 표현과 견해의 자유, 문화적 다양성, 관용, 연대를 추구한다고 얘기합니다. 또한 인종차별, 외국인 혐오, 비관용의 제거, 민족·종교·언어를 포함한 모든 문화, 민족, 문명에 대한 이해, 관용, 연대 등을 강조합니다. 평화문화선언을 통해 평화문화가 기본적으로 다양성을 포용하고 인정하며, 세계와 각 사회가 상대적 약자와 피해자에게 초점을 맞춰야 한다는 것을 알 수 있습니다.* 이것은 그들이 강자의 배려를 받는 것이 아니라 부당한 억압과 폭력으로부터 당연히 보호받아야 할 사람들임을 말해줍니다. 그리고 그것이 그들이 당연히 누려야 할 권리라는 것입니다.

유엔 평화문화선언에서 볼 수 있듯이 폭력문화를 대체하는 평화문화는 개인과 집단의 존재 그 자체와 서로 다름을 인정하는 것에 기초합니다. 그렇게 바뀐 생각과 태도를 행동으로 옮기면 비로소 평화문화가 이루어집니다. 그래야 모두가 각자의 특징이나 가진 힘과 상관없이 이 세상에 존재하는 그 자체만으로 존중받고 인정받으면서 안전하고 행복하게 살 수 있습니다. 평화문화는 폭력문화를 없앨 수 있는 유일한 방법입니다.

* 서보혁·정주진, 『평화운동』, 진인진, 2018, 64~67쪽.

왜 평화문화를 얘기하는가

우리 사회에는 다양한 폭력이 있습니다. 우리는 나이에 상관없이 일상에서 직간접적으로 폭력을 경험합니다. 많은 사람이 이론적으로는 설명하지 못해도 무엇이 폭력인지 구별할 수 있습니다. 하지만 폭력은 줄어들지 않습니다. 왜일까요?

폭력을 많이 경험하는 사회는 평화에 더 관심을 가지게 되는 것이 당연한 이치입니다. 그러나 우리 사회는 그렇지 않습니다. 오히려 폭력에 익숙해져서 자신에게 또는 주변에서 벌어지는 폭력을 그냥 받아들이고 공격과 가해를 별것 아니라고 여기는 사람이 여전히 많습니다. 이런 태도와 행동이 폭력문화를 지속시키고 평화문화가 자리 잡지 못하게 하는 걸림돌 중 하나입니다.

2019년 3월 12일 한 연예인이 구속됐습니다. 자신이 만난 여자들과 성관계를 하고 몰래 동영상을 찍어 친구들과 공유한 사실이 드러났기 때문입니다. 그와 친구들이 나눈 문자를 보면 자신들의 행동에 전혀 문제의식이 없고 오히려 즐겼다는 것을 알 수 있습니다. 자신이 저지른 일이 피해자에게 심각한 가해가 되고 감당하기 힘든 고통이 된다는 것에는 관심조차 없었습니다. 그런데 더 심각한 문제는 그 후에 나타났습니다. 피해자 중에 여자 연예인들도 있다는 추측이 나오자 이런 저런 이름을 거론하면서 여자 연예인들의 얼굴을 합성한 가짜 동영상을 만들어 유포하기도 했고 많은 사람이 그런 영상을 찾아보았습니다. 사람들이 추측한 여자 연예인들의 이름이 검색어 상위권을 차지했습니다. 이 사건은 우리 사회가 공격과 가해를 얼마나 대수롭지 않게 생각하는지 보여줍니다. 진짜 피해자들, 그리고 추측으로 거론되고 가짜 동영상이 만들어져 피해를 입은 여자 연예인들의 고통에는 관심이 없고 그런 공격과 가해를 호기심과 즐거움을 충족시키는 기회로 삼은 사람들이 넘쳐났습니다. 공격과 가해를 가볍게 취급하고 피해자에게 공감하지 않는 사람이 많다는 것은 우리 사회가 폭력에 얼마나 둔감한지 말해줍니다.

2013~2017년 경찰청 통계에 따르면 불법촬영으로 검거된 피의자는 해가 갈수록 증가해 2013년에 2,832명에서 2017년에는 5,437명으로 두 배 정도 늘었다고 합니다. 물론 이것은 경찰에 검거된 사람들의 숫자일 뿐입니다. 피의자 중 96~98%가 남자였고 피해자 대부분은 여자였습니다. 심지어 아는 사람에게 당하는 피해는 2013년에 338명에서 2017년에는 939명으로 크게 늘었고, 가해자 중 애인이 차지하는 비율이 44~48%나 됐다고 합니다.* 불법촬영은 우리 사회에서 남자와 여자 사이에 만들어진 힘의 관계 때문에 더 힘이 있는 남자들이 상대적으로 약한 여자들에게 폭력을 가하는 한 가지 사례입니다. 그 결과 사

* <뉴시스>, 2019년 3월 23일자 기사 참고.

회 구성원의 절반인 여자들은 사회적 약자이자 잠재적 피해자로 살고 있습니다. 사회의 절반이 사회적 약자이고 폭력의 대상이 된다는 것은 우리 사회 폭력문화의 심각성을 잘 말해줍니다.

우리 사회가 더욱 평화문화를 얘기해야 하는 중요한 이유가 또 있습니다. 바로 우리가 끊임없이 전쟁을 준비하는 사회라는 것입니다. 폭력과 평화에 둔감한 것도 얼마큼은 이런 상황 때문이라고 볼 수 있습니다. 유명한 평화학자인 엘리스 볼딩Elise Boulding은 한 사회가 전쟁을 준비하는 것을 '공격의 사회화socialization for aggression'라고 이름 붙이고 이것이 사회 모든 분야에 영향을 미친다고 했습니다.** 전쟁과 군사적 공격을 당연하게 생각하고 심지어 찬양하고 지지하는 문화가 사회 전반에 퍼져 있어서 광범위한 폭력문화를 만든다는 것입니다.

우리 사회가 전쟁을 준비한다는 사실을 보여주는 대표적인 사례가 징병제도입니다. 군대가 폭력적이라는 것은 모두가 알고 있는 사실입니다. 억압, 강요, 자유의 박탈, 개인 권리의 무시 등이 일상적으로 일어나는 곳이 군대입니다. 젊은 남자들은 선택이 아니라 의무적으로 그런 군대에 가야 합니다. 법으로 정해져 있긴 하지만 강제로 군대에 보내는 것 자체가 아주 폭력적이지요. 남자들은 대부분 군대에서 폭력을 경험하고 자신도 모르게 폭력문화에 익숙해집니다. 남자들이 군대에서 익

** Elise Boulding, *Cultures of Peace: The Hidden Side of History*, Oxford University Press, 2010, p. 16.

힌 폭력문화는 그들이 소속된 가족, 직장, 사회로 퍼집니다. 여전히 남자들이 가정과 사회에서 여자들보다 더 영향력을 가지기 때문에 폭력문화가 더 잘 확산되고 뿌리내립니다. 그리고 상식적이고 당연한 것으로 포장됩니다.

평화문화를 얘기해야 하는 또 다른 이유는 법치주의만으로는 폭력문화를 없애지 못하기 때문입니다. 물론 평화문화를 만들 수도 없습니다. 법은 민주주의 사회에서 반사회적이고 폭력적인 행동을 통제하는 가장 기본적인 수단입니다. 그러나 법은 법에 명시된 것만, 그리고 증명된 가해와 피해만 다룰 수 있습니다. 아무리 피해자가 고통을 호소해도 법에 명시되어 있지 않고 법적 기준에 따라 증명할 수 없으면 어쩌지 못합니다. 앞에서 얘기한 연예인의 불법촬영과 관련된 피해는 이 점을 잘 말해줍니다. 그 연예인의 범죄가 밝혀지면서 사람들은 그와 친하다는 여자 연예인들의 이름을 거론했습니다. 그래서 몇몇 여자 연예인은 대중의 입에 오르내리고 마치 사생활이 문란한 것처럼 매도되는 피해를 입었습니다. 심지어 합성 영상물이 만들어지는 수모를 겪기도 했습니다. 명예를 훼손당하고 무차별적으로 공격당한 것이지요. 하지만 법으로는 소문을 만들고 퍼뜨린 사람들을 찾아낼 수도 처벌할 수도 없습니다. 사이버 공간에서 다수에 의해 익명으로 이루어지는 가해를 증명할 수 없으니까요. 합성 영상물을 만든 사람들조차 찾아내기 힘들고 영상물을 본 사람들은 아예 처벌할 수도 없습니다. 공격과 가해를 쉽게 저지르고 피해자의 고통에 관심이 없는 우리 사회에 만연된 폭력문화가 그런 피해를 만들었지만 법은 아무런 도움을 주지 못했습니다. 법은 법적 기준에 따라 가해와 피해를 확인하고 옳고 그름을 판단해줄 뿐 피해자의 고통을 보상해주지도, 마음의 상처를 치료해주지도 않습니다. 폭력을 없애기 위해 우리 사회가, 개개인이 무엇을 해야 하는지도 말해주지 않습니다. 가해와 피해를 늘리고 폭력에 둔감한 폭력문화를 지속시킬 것인지, 가해와 피해를 줄이고 약자에게 관심을 쏟는 평화문화를 만들 것인지는 우리가 판단해야 할 몫입니다.

힘을 숭배하는 사회는 폭력적이 될 수밖에 없습니다. 갑과 을이 대치하는 사회에 사는 사람들은 불행할 수밖에 없습니다. 사회의 절반이 강자고 절반이 약자인 사회는 비정상입니다. 자신의 힘을 이용해 다른 사람을 공격하여 이익과 만족을 얻는 사람이 많은 사회는 삶의 질이 낮을 수밖에 없습니다. 이런 사회를 변화시키는 최선의 방법은 평화문화에 관심을 갖고 평화문화를 이루기 위해 노력하는 것입니다. 가장 바람직한 것은 평화문화를 사회의 기준이자 상식으로 만드는 것입니다.

7강

민족주의와 보편적 평화

일본의 비극이 우리의 기쁨?

2018년 11월 초 아이돌 그룹인 방탄소년단BTS의 한 멤버가 입었던 티셔츠를 두고 논란이 일었습니다. 사건의 발단은 한 일본 매체의 보도였습니다. 〈도쿄스포츠〉는 10월 26일 "방탄소년단의 반일 활동이 한국에서 칭찬받고 있다."면서 2017년 촬영된 홍보 다큐멘터리 영상에서 한 멤버가 입었던 광복절 기념 티셔츠를 지적했습니다. 그러자 일본 극우 성향 단체들은 방탄소년단이 도쿄돔에서 공연하는 날 그 앞에서 시위를 벌이겠다고 했습니다. 일부 일본 누리꾼은 방탄소년단의 출연이 예정됐던 방송사와 후원기업에 항의 전화를 걸기도 했습니다. 갈수록 상황이 심각해지자 일본의 TV 방송국들이 예정됐던 방탄소년단 출연을 취소했습니다. 여기까지는 가끔 있는 한국과 일본의 역사를 둘러싼 논쟁과 대립 정도로 보입니다. 그러나 광복절 티셔츠와 일본인의 반응은 전 세계 언론의 관심을 받았습니다. 세계 언론은 논란이 된 티셔츠를 언급하며 방탄소년단이 사과하지 않는 것에 문제를 제기했습니다. 방탄소년단 소속사는 결국 11월 13일 사회관계망서비스를 통해 사과했습니다. 티셔츠는 팬이 선물한 것으로 알려졌는데 방탄소년단 멤버가 무슨 마음으로 입었는지는 알 수 없습니다. 어쨌든 객관적 시각에서 볼 때 문제가 될 수 있는 옷을 입었으니 사과한 것입니다. 과거 역사와 관련해 한국이 일본에 사과할 일은 전혀 없을 것 같은데 도대체 무슨 일일까요?

일본 매체가 문제 삼았던 티셔츠는 국내 의류회사가 광복절을 기념해 제작했습니다. 검은색과 흰색 두 종류가 있는데 방탄소년단 멤버는 흰색을 입었습니다. 앞쪽에는 회사 이름이 있는데 문제가 된 것은 등 쪽입니다. 거기에는 'PATRIOTISM', 'OURHISTORY', 'LIBERATION', 'KOREA'라는 단어들이 반복적으로 쓰여 있습니다. 우리말로 '애국심', '우리역사', '해방', '대한민국'입니다. 단어들 옆의 위쪽 오른편에는 일본에 원자폭탄이 떨어져 버섯구름이 피어오르는 사진이 있고, 아래쪽 왼편에는 한반도에서 해방을 맞은 사람들이 만세를 부르며 기뻐하는 사진이 있습니다. 맨 밑에는 다시 'PATRIOTISM'이란 단어가 있고 그 밑에 태극기가 있습니다.

한마디로 티셔츠는 우리 역사와 애국심, 해방의 연관성을 주장합니다. 애국심을 가지고 우리 역사를 알아야 하고 일본 식민지배로부터의 해방에 대해 알아야 한다고 얘기합니다. 특히 사진은 일본에 원자폭탄이 투하되어 한반도가 해방됐으며 우리에게 기쁨을 주었다고 말합니다. 사실 단어들보다 사진이 이야기의 핵심입니다. 그렇지 않으면 광복절을 기념한 티셔츠에 굳이 원자폭탄 투하 사진을 넣지는 않았겠지요. 이 점이 일본인뿐만 아니라 전 세계 사람들의 마음을 불편하게 했습니다. 논란이 된 후 한국에서도 불편한 마음을 드러냈습니다. 졸지에 우리의 해방만 생각하느라 일본의 비극에 박수를 치고 환호하는 비정한 사람들이 됐으니까요.

일본의 원자폭탄 투하는 인류 역사에서 가장 비극적인 일 중 하나입니다. 2차 세계대전의 막바지인 1945년 8월 6일과 9일 일본 히로시마와 나가사키에 원자폭탄이 투하됐습니다. 일본을 항복시키려고 미국이 저지른 일이었지요. 거대한 버섯구름이 일어나면서 두 도시는 지옥이 됐습니다. 그것이 인류 역사에서 돌이킬 수 없는 비극이 됐습니다. 70만 명이 피폭을 당했습니다. 그중 20만 명 이상이 원자폭탄 투하 직후에, 그리고 극심한 고통 속에서 살다가 몇 달 사이에 목숨을 잃었습니다. 피해자 대부분은 당연히 민간인이었습니다. 조선인 피폭자도 7만 명이 넘었습니다. 살아남은 사람들도 고통스럽기는 마찬가지였습니다. 평생을 방사능증으로 시달려야 했기 때문입니다. 지금도 일본과 한국에는 고통 속에 사는 생존자들이 있습니다. 국내에도 2,300명 이상이 있다고 합니다. 전 세계에서 해마다 8월이 되면 원자폭탄 투하의 비극을 되새기며 핵무기 반대 의지를 다지는 행사가 열립니다. 원자폭탄 투하는 일본뿐만 아니라 전 세계의 비극이었으니까요.

광복절 티셔츠의 가장 큰 문제는 사진이 보여주는 이야기가 진실이 아니라는 것입니다. 미국은 한반도를 위해 일본에 원자폭탄을 투하한 것이 아닙니다. 2차 세계대전을 빨리 끝내고 싶어서, 그리고 자국의 전쟁 비용과 미군의 희생을 줄이려는 목적이었습니다. 한반도의 해방은 원자폭탄 투하 때문이 아니라 세계대전과 국제정치의 소용돌이 속에서 맞닥뜨린 상황일 뿐입니다. 다른 생각도 해볼 수 있습니다. 당시에 해방을 맞이한 한반도 사람들은 정말 일본의 비극을 기뻐했을까 하는 의문입니다. 가족, 친척, 지인 등 많은 조선인이 일본에 살고 있었으니까요.

일본의 원자폭탄 투하가 우리의 의지나 선택과 관련이 없음에도 해방과 연결지어 직접적인 인과관계가 있는 것처럼 해석하는 것은 위험합니다. 인류 최악의 비극이자 심각한 전쟁범죄인 원자폭탄 투하를 해방과 연결지으면 오히려 우리 역사의 정당성을 해칠 수 있습니다. 일본의 원자폭탄 피해와 해방은 일본이 당시 한반도를 식민지배하고 있었기 때문에 순차적으로 생긴 일일 뿐 전혀 다른 두 개의 역사적 사건입니다.

광복절 티셔츠 사건과 관련해 우리 사회가 보여준 태도는 몹시 유감스러운 일입니다. 대중은 물론 언론까지 광복절 티셔츠를 문제 삼은 일본 극우 성향 언론과 단체들의 '혐한 감정'과 '적반하장'의 태도에만 초점을 맞춰 비난하고 분노했습니다. 일부 누리꾼은 애국심이 투철하다며 방탄소년단 멤버를 응원하기도 했습니다. 세계적으로 유명한 방탄소년단이라는 아이돌 그룹, 그리고 평소 역사 문제로 사이가 좋지 않은 일본과 관련된 일이었기 때문에 그런 반응을 이해는 합니다. 게다가 우익 성향 일본인들이 제일 크게 목소리를 냈으니까요. 그러나 그들이 지적했다고 해서 객관적으로 문제가 있는 것이 문제가 없는 것으로 되지는 않습니다. 그렇다면 다른 나라 언론들이 문제를 지적한 것이 설명되지 않습니다. 물론 세계 언론이 일본의 전쟁범죄를 잘 모르기 때문이라고 주장할 수도 있습니다. 그렇지는 않다고 생각하지만 설사 상세한 내용을 몰랐다 하더라도 바로 그 점이 오히려 객관성을 보장합니다. 세계에서 보편적으로 통용되는 도덕적인 기준을 가지고 판단했음을 말해주기 때문입니다. 다른 한편으로 대중과 언론은 티셔츠 사건으로 세계인이 일본의 전쟁범죄를 알게 됐다고 억지 합리화를 하기도 했습니다. 한마디로 객관적이지도, 논리적이지도 않은 주장이었지요.

경계해야 할 민족주의

새삼스럽게 광복절 티셔츠 사건을 끄집어낸 것은 특정 아이돌 그룹이나 티셔츠를 입었던 멤버를 겨냥하려는 것이 아닙니다. 대중이 보인 반응을 통해 우리 사회가 조심스럽게 다루어야 할 문제를 들여다보려는 의도입니다. 바로 몇 년 전부터 눈에 띄는 우리 역사에 대한 관심입니다. 최근엔 "역사를 잊은 민족에게 미래는 없다."는 신채호 선생의 말이 자주 언급되기도 합니다. 역사에 대한 관심은 애국심과 연결됩니다. 자연스럽게 애국심을 강조하지요. 심지어 광복절 티셔츠를 만든 회사처럼 장사에 활용하기도 합니다. 이 모든 것을 관통하는 단어는 '민족주의nationalism'입니다.

민족주의는 역사적으로 자기 민족을 다른 민족과 구별하고 정치적으로 민족을 사회를 이루는 기본단위로 보는 것을 말합니다. 우리의 경우 일제 식민지배하에서 민족주의에 대한 이해가 확산됐고 지금까지 이어오고 있습니다. 민족주의는 자신이 거주하는 영토에 대한 자주권을 얻고 자기 이익을 추구하는 정치적, 사회적, 경제적 이념이나 운동으로 이해되기도 합니다. 때로는 자기 민족이나 국가를 중심에 놓고 자기 이익만 추구하는 것으로 여겨지기도 합니다. 그래서 민족주의를 부정적으로 인식하고 경계하는 사회도 있습니다. 하지만 우리 사회에서는 그런 일이 없는 것 같습니다. 애국심은 자기 나라에 대한 애착심과 자부심을 말합니다. 이것은 같은 국민과의 연대나 민족적, 정치적, 역사적, 문화적 자부심과 애착으로 나타나기도 합니다. 애국심과 민족주의는 근본적으로 의미가 다르지만 둘은 밀접하게 관련돼 있습니다. 그래서 하나를 강조하는 것이 곧 다른 것을 강화하는 결과로 나타나곤 합니다. 특히 우리는 대한민국이 '한민족'이 세운 유일한 나라라는 인식이 확고하고 식민지배, 전쟁, 독재, 민주화 등 험난한 역사를 경험해서인지 민족주의와 애국심이 특별한 구분이나 거부반응 없이 사회적으로 받아들여집니다.

민족주의는 그 자체로 긍정적이거나 부정적이라고 판단할 수 없습니다. 민족이나 국가가 직면한 상황에 따라 민족주의가 미치는 영향이 좋거나 그렇지 않다고 판단할 뿐입니다. 우리의 경우 일제하에서의 민족주의는 서로의 결속을 강화하고 독립운동을 계속하게 하는 원동력이 되었습니다. 그런 점에서 민족주의는 억압받는 민족이나 국민에게 자부심과 자신감을 불어넣는 역할을 합니다. 20세기에 식민지배하에 있던 아시아와 아프리카의 나라들에서도 민족주의는 독립 의지를 독려하고 식민지배를 끝내는 데 중요한 역할을 했습니다.

반면에 민족주의가 부정적 영향을 미칠 수도 있습니다. 바로 자기 민족이나 국가를 중심에 놓고 자기 이익에만 초점을 맞출 때입니다. 민족주의를 내세워서 다른 민족이나 국가를 억압하고 피해를 줄 때는 위험하기도 합니다. 유대인을 학살했던 나치 정권이나 한반도를 식민지화하여 잔혹하게 통치하고 강제징용과 위안부 동원 등 전쟁범죄를 저질렀던 일본이 그런 사례에 해당합니다. 더 위험한 것은 지배자가 민족주의를 이용해 자국민을 억압하고 진실을 왜곡할 때입니다. 히틀러는 아리안족의 순수성을 지킨다는 명분으로 독일인 중에서도 동성애자, 장애인 등을 학살했습니다.

박정희는 '민족중흥', 즉 민족의 번영을 위해서라며 개발독재를 하고 빈곤자와 노동자를 수없이 착취하고 탄압했습니다. 또한 국가안보를 핑계로 반공주의를 내세워 군사독재를 하고 자신에게 반대하는 사람들을 체포하고 죽이는 등 무자비하게 통치했습니다. 모두 민족주의를 이용해 자국민을 억압하고 진실을 왜곡한 사례입니다. 일본도 자국민에게 과거 일본이 저지른 잘못과 전쟁범죄를 숨기려고 민족주의를 이용합니다. 심지어 거짓 역사교육으로 아이들을 거의 세뇌합니다. 과거와 현재의 사례들을 볼 때 민족주의가 반드시 부정적인 것은 아니지만 항상 경계해야 합니다.

우리나라에서 민족주의가 두드러질 때는 일본과 문제가 있을 때입니다. 일본과 겪는 문제는 크게 두 가지입니다. 하나는 역사 문제고, 다른 하나는 일본의 전쟁범죄 문제입니다. 일본은 식민지배 역사와 조선인을 강제로 끌고 가 저지른 전쟁범죄를 부인합니다. 과거 일본 정부가 조직적으로 조선인을 위안부로 동원했다는 사실을 부인하고, 밀실에서 벌어진 외교 합의를 고집하며 전쟁범죄를 봉합하려는 태도와 행동은 우리를 분노케 합니다. 일본의 가장 큰 문제는 원자폭탄 투하를 교묘하게 이용하여 가해자에서 피해자로 둔갑한다는 사실입니다. 원자폭탄 투하 전까지 일본은 한반도뿐만 아니라 세계 여러 나라에서 전쟁범죄를 저지른 가해국이었습니다. 그런데 원자폭탄 투하로 많은 인명피해가 생기자 곧바로 피해국이 됐습니다. 그 후 수십 년 동안 국제사회에서 원자폭탄 투하의 피해를 강조하고 과거의 부끄러운 역사와 전쟁범죄는 숨겨왔습니다. 그래서 일본을 원자폭탄 피해국으로만 알고 있는 사람들도 있습니다. 그러나 대부분의 상식 있는 사람들은 일본의 전쟁범죄도 함께 알고 있습니다. 우리나라를 비롯해 세계 곳곳의 피해자들이 오랜 세월 노력한 결과입니다. 세계는 일본의 가해와 피해를 구분해서 봅니다. 세계가 원자폭탄 투하를 기억하고 되새기는 이유는 일본을 위해서가 아니라 인류를 위해서입니다.

우리의 민족주의는 안하무인에 역사적 사실을 계속 부인하고 왜곡하는 일본에 대한 대응으로 강화되고 있습니다. 일본에만 초점을 맞추다 보니 간혹 세계를 보지 못하고 우리 관점을 좁히는 일도 발생합니다. 객관성을 잃고 모든 일을 우리 경험을 통해서만 해석하는 오류를 범하기도 합니다. 광복절 티셔츠 사건이 바로 그런 사례입니다. 우리가 일본 때문에 인류가 보편적으로 추구하는 가치와 사고 기준을 놓치고 비정한 나라가 되는 것은 유감스러운 일입니다. 특히 세계화가 최고조에 달한 오늘날 다른 사회에서는 갈수록 약화하는 한편 경계하는 민족주의를 일본에 대응한다는 이유로 아무 때나 강조하는 것 또한 바람직하지 않은 일입니다.

평화로운 공존을 해치는 민족주의

평화의 시각에서 보면 민족주의는 더욱 경계해야 합니다. 민족이나 국가가 저지르는 잘못을 정당화하고 정의를 외면할 수 있기 때문입니다. 또한 다른 민족이나 국가와의 평화로운 공존을 방해할 우려가 있기 때문입니다. 대표적인 사례가 바로 전쟁입니다. 전쟁을 원하는 사람들은 자기 민족이나 국가의 이익을 내세우고 자국민의 민족주의를 자극하여 전쟁을 정당화합니다. 이는 결국 모두의 평범하고 평화로운 삶을 불가능하게 합니다.

우리에게도 비슷한 사례가 있습니다. 바로 베트남 전쟁입니다. 베트남 전쟁은 1955년 북베트남과 남베트남의 내전으로 시작됐습니다. 그런데 미국이 1960년대 초 남베트남을 지원하면서 사실상 미국과 북베트남의 전쟁이 됐습니다. 1975년까지 20년 동안 이어진 전쟁은 남베트남과 미국의 패배로 끝났습니다. 우리나라는 1964년 9월부터 1973년 3월까지 네 차례나 파병하여 미국을 지원했습니다. 국방부에 따르면 1968년 베트남 주둔 한국군 숫자가 49,869명으로 미군에 이어 두 번째

규모였습니다. 한국군은 1966년부터 1971년 사이에 항상 45,000명 이상을 유지했고 철수 직전 해인 1972년에도 37,000명 이상이 주둔했습니다.* 2019년 6월 현재 주한미군이 약 28,500명인 것을 생각하면 얼마나 많은 숫자인지 짐작할 수 있습니다.

1965년부터 1972년까지 한국군 규모는 미국의 요청으로 참전한 다른 6개국의 군인 수를 합친 것보다 월등히 많았습니다. 다른 나라들은 미국에 협조하는 시늉을 하는 선에서 파병했기 때문입니다. 숫자로 보면 베트남 전쟁은 거의 미국과 한국의 공동 전쟁이었습니다. 우리 정부는 미국의 요청으로 남베트남을 도우려고 파병한 것처럼 말했지만 사실은 철저하게 우리 이익을 위한 파병이었습니다. 박정희 정권은 미국의 군사적, 경제적 지원을 받기 위해 미국의 요청에 적극적으로 답했습니다. 특히 군의관과 태권도 교관 등 비전투병을 보냈던 1, 2차 파병 때와는 달리 3, 4차 파병 때는 전투병을 보냈습니다. 대한민국 군대가 만들어진 이후 최초의 전투병 파병이었습니다.

베트남 전쟁에서 한국군 5,099명이 사망하고 10,962명이 부상당했습니다. 약 13만 명이 미군이 나무를 말라 죽게 하려고 살포했던 고엽제의 피해를 입었습니다. 그들은 지금까지 신체적, 정신적 고통에 시달리고 있습니다. 무엇보다 베트남 전쟁은 우리 역사에 씻을 수 없는 오

* 서보혁, 『배반당한 평화 - 한국의 베트남·이라크 파병과 그 이후』, 진인진, 2017, 166쪽.

평화의 시각에서 보면 민족주의는 더욱 경계해야 합니다. 민족이나 국가가 저지르는 잘못을 정당화하고 정의를 외면할 수 있기 때문입니다. 또한 다른 민족이나 국가와의 평화로운 공존을 방해할 우려가 있기 때문입니다. 대표적인 사례가 바로 전쟁입니다. 전쟁을 원하는 사람들은 자기 민족이나 국가의 이익을 내세우고 자국민의 민족주의를 자극하여 전쟁을 정당화합니다. 이는 결국 모두의 평범하고 평화로운 삶을 불가능하게 합니다.

점을 남겼습니다. 한국군이 베트남에서 민간인을 학살하는 전쟁범죄를 저질렀기 때문입니다. 미국 행정부, 미국 종군기자, 참전 한국군의 증언 등을 통해 확인한 바에 의하면 한국군의 민간인 학살은 80건이 넘었고 그 수는 대략 5,000명에서 9,000명으로 추정됩니다. 특히 베트남 중부의 꽝남성에서는 인민해방군베트콩 수색을 위해 주민들을 분산한다는 핑계로 민간인을 죽이고 마을을 불태웠습니다. 꽝남성에서만 약 4천 명이 학살됐다는 주장도 있습니다.* 다른 곳에서의 학살도 이유와 방법이 잔인했습니다. 지뢰 폭발로 한국군이 다치면 민간인에게 분풀이를 하거나 전투 성과를 부풀리려고 학살하기도 했습니다. 민간인을 총살하고 민간인이 숨어 있는 굴에 폭탄을 던지거나 화염방사기를 발사했습니다. 사지를 찢거나 창자를 끌어내기도 했으며, 성폭행한 후 학살하기도 했습니다.

우리 정부와 사회는 한국군의 잔인한 민간인 학살을 수십 년 동안 숨기고 외면했습니다. 1990년대 후반이 돼서야 시민사회가 관심을 가지고 문제를 제기하면서 알려지기 시작했습니다.** 최근에는 학살 현장에서 가족을 잃었거나 가까스로 살아남은 베트남 사람들의 증언이 이어지고 있습니다.

용산에 있는 전쟁기념관에는 "대한민국은 6·25전쟁 당시 자유 우방

* <한겨레21> 제1256호 기사 참고.

** 서보혁, 『배반당한 평화 - 한국의 베트남·이라크 파병과 그 이후』, 진인진, 152~167쪽.

의 지원에 보답하고 세계평화에 기여하고자 베트남에 국군을 파병하였습니다."라는 글귀가 있습니다. 또한 한국군이 베트남에 세워놓았던 "한국군은 백 명의 베트콩을 놓치는 한이 있더라도 한 명의 양민을 보호한다."라는 팻말 사진도 있습니다. 이런 전시를 통해 국방부는 여전히 민간인 학살을 숨기고 베트남 전쟁 참전을 미화합니다.

한국군의 베트남 전쟁 참전을 왜곡하고 미화하는 것은 민족과 국가의 좋은 점만 부각하고 치부를 숨기려는 민족주의와 관련돼 있습니다. 더 근본적인 문제는 우리 이익을 위해서 다른 나라 전쟁에 파병하여 그 나라 사람들을 죽이고 고통을 안겨주었다는 사실입니다. 국제정치에서 자국의 이익을 위해 하는 일은 정당하다고 말하는 사람도 있습니다. 당시 가난했던 우리나라의 상황에서 불가피한 선택이었다고 주장하기도 합니다. 그러나 이런 주장은 두 가지 점에서 설득력이 없습니다. 하나는 한국군도 희생됐으며, 살아돌아와서도 지금까지 후유증을 겪고 있는 사람이 많다는 것입니다. 국가 이익을 명분으로 자국민을 희생시킨 일은 정당성을 인정받지 못합니다. 다른 하나는 더 중요한 이유인데, 베트남 전쟁은 우리와 상관없는 전쟁이었고 참전해야 할 이유가 없었다는 점입니다. 그런데도 전투병까지 보내 아무런 잘못이 없는 사람들에게 씻을 수 없는 고통을 주었습니다. 전쟁은 외교나 무역 문제와 다릅니다. 전쟁을 이용해 자국의 이익을 취하는 일은 어떤 이유로도 인정받을 수 없습니다. 여전히 우리 사회에는 이런 잘못을 인정하지 않으려는 사람이 많습니다. 우리 이익만 보고 그것을 최우선으로 생각하기 때문입니다. 이는 우리를 중심에 놓고 다른 민족이나 나라는 외면하는 민족주의의 부정적 영향을 극복하지 못했음을 의미합니다. 그것이 결국 우리 이익을 위해 다른 나라 사람들을 학살한 사실을 정당화하는 것인데도 말입니다.

2018년 7월 23일 저녁 라오스 남동부의 아타프주에서 댐이 무너졌습니다. 상암 월드컵 경기장을 120번 정도 채울 수 있는 5억 톤의 물이 한꺼번에 쏟아져 순식간에 여러 마을을 덮쳤습니다. 하루 일을 마치고 집에 돌아온 주민들에게 갑자기 닥친 재앙이었습니다. 주민들은 지붕이나 나무 위로 올라가 하루 이상 피신했고 떠내려가는 물건을 잡고 겨우 버텼습니다. 총 19개 마을이 한순간에 물과 진흙에 휩쓸렸습니다. 살아남은 주민들은 하루아침에 이재민이 되었지요. 피해자 수는 시민단체들과 라오스 정부의 주장이 크게 다릅니다. 시민단체들은 주민들의 증언과 실종자 숫자를 종합해 700명 이상이 사망했다고 하는데 라오스 정부는 사망자가 49명, 실종자는 22명이라고 밝혔습니다. 이재민도 라오스 정부는 6천 명 정도라고 하고 시민단체들은 만 명 정도라고 합니다.

붕괴된 댐은 세피안-세남노이 댐의 담수를 위해 만들어진 5개 보조댐 중 하나였습니다. 세피안-세남노이 댐은 수력발전을 하려고 만들어진 댐입니다. 여기서 생산된 전력의 90%는 태국에 수출합니다. 이 사업은 한국 기업인 SK건설과 공기업인 한국서부발전, 태국의 타이 라차부리 전력, 라오스의 국영기업인 IHSE가 함께 세운 세피안-세남노이 전력PNPC이 수력발전시설을 위해 본댐 2개와 보조댐 5개를 만들고 운영하는 사업입니다. 총 사업비는 10억 달러약 1조 1,500억 원입니다. PNPC의 최대 주주는 SK건설로 26%의 지분을 가지고 있고 한국서부발전의 지분 25%까지 합치면 한국 기업이 전체 지분의 51%를 가지고 있습니다. SK건설이 댐을 만들고 한국서부발전이 댐 건설 후 27년 동안 운영과 관리를 맡기로 했습니다. 누가 봐도 한국이 주도하는 사업입니다. 특히 이 사업은 한국이 저개발 국가에 돈을 빌려주는 유상원조인 대외협력기금 7,000만 달러를 라오스 정부에 지원해 이루어졌습니다. 한국의 책임이 크다고 할 수 있습니다.

국내와 국제 환경단체들은 자연환경 파괴와 지역 주민들의 강제 이주를 우려하면서 댐 건설을 반대했습니다. 하지만 이런 문제는 제대로 조사조차 되지 않았습니다. 사고가 난 후 여러 문제가 불거졌습니다. SK건설과 한국서부발전은 사고가 있기 며칠 전에 이미 댐에 균열이 간 사실을 알았지만 주민들을 대피시키지 않았습니다. 더 심각한 것은 주민들이 댐에 대해 잘 알지 못했거나 아예 댐의 존재를 몰랐다가 사고가 난 후에야 알았다는 점입니다. 댐을 건설할 때 주민들에게 제대로 정보를 주지 않았다는 사실이 드러난 겁니다.

하루아침에 이재민이 되어 5곳의 임시 주거지에서 생활하는 주민들의 삶은 완전히 무너졌습니다. 농사를 짓고 물고기를 잡으며 생계를 유지했던 생활은 이제 배급품에 의존하며 아무 일도 못하는 무기력한 생활로 바뀌었습니다. 라오스 정부는 주민들에게 옛 마을로 돌아갈 수 없으며 새로운 거처를 마련할 것이라고 알렸습니다. 그런데 새로운 거처로 이주하는 데도 4년 이상이 걸릴 예정입니다. 주민들은 그 긴 시간을 어떻게 살아야 할지 막막하다고 말합니다. 고향을 잃은 주민들은 정상적인 생활이 불가능한 상황에 직면해 있습니다. 함께 피해를 당한 인근 캄보디아 마을들의 상황도 안타깝기는 마찬가지입니다. 농사를 모두 망쳤지만 아무런 지원도 받지 못했기 때문입니다.*

현장을 조사하고 사건 경위를 취재한 시민단체와 언론은 댐 붕괴가 자연재해가 아니라 인재이며 그에 대한 책임은 한국이 져야 한다고 주장합니다. SK건설과 한국서부발전은 갑자기 비가 많이 내린 탓이라고 했지만 사고 직전에는 비가 오지 않았고 그 전 이틀 동안에도 평소보다 적은 비가 내렸기 때문입니다. 라오스 댐 붕괴 사고는 과거 우리나라에서 민족 번영과 경제개발을 내세우면서 노동자와 빈곤자를 수없이 희생시켰던 독재시대를 떠오르게 합니다. 이제 우리는 똑같은 일을 우리보다 법적 규제와 시민 감시가 허술한 다른 나라에서 자행합니다. 무력보다 경제가 중요해진 시대에 우리의 경제적 이익을 위해 우리보다 약

* <오마이뉴스>, 2019년 2월 25일자 기사 참고.

한 나라의 무고한 사람들을 희생시키는 비뚤어진 우리의 민낯을 보여 줍니다.

보편적 평화와 민족주의

2019년 우리는 3·1만세운동 100주년을 맞았습니다. 사회의 다양한 분야에서 100주년을 기념하는 행사가 열렸고 많은 사람이 역사를 돌아보는 기회를 가졌습니다. 3·1만세운동은 19세기 말부터 한반도에 확산된 민족주의가 대대적인 대중 참여 운동으로 표출된 사건입니다. 일제 식민지배하에서 우리 민족만의 국가가 절실히 필요했기에 일본의 폭력 진압이라는 위험을 감수하면서 시위를 했습니다. 대중이 중심이 되어 전국에서 일어난 만세운동에 일본은 충격을 받았고 다른 나라들은 감동했습니다.

1919년 3월 13일 〈뉴욕타임스〉는 3·1만세운동 소식을 전했습니다. '한국인들 독립을 선언하다KOREANS DECLARE FOR INDEPENDENCE'라는 제목의 기사에서 "시위가 퍼져나갔고 수천 명의 시위자가 체포됐다."고 전했습니다. 기사는 "우리는 천한 민족이 아니라 43세기의 역사를 가진 민족이다We are no mean people. We have forty-three centuries of history."라는 독립선언서 내용을 인용하기도 했습니다. 〈뉴욕타임스〉는 4월 13일자 사설에서 "조선인들은 세계가 생각하는 것보다 정치적으로 훨씬 더 능력이 있다는 것을 보여주었다."면서 독립을 지지했고, 6월 16일에는 영문으로 된 독립선언서 전문을 싣기도 했습니다. 3·1만세운동 소식은 중국 상하이에서 시작해 미국 주요 도시들과 영국 런던, 프랑스 파리, 이탈리아 로마, 러시아 모스크바, 브라질 상파울루, 싱가포르 등으로 번졌습니다.* 모두 조선인의 놀라운 저항과 일본의 폭력적인 진압 소식을 전했습니다.

3·1만세운동 당시 서울에 머물고 있던 러시아 총영사 야코프 류트쉬는 자신이 목격한 사실과 주한 외교관들을 면담해 얻은 정보, 한국과 일본에서 발행된 신문기사 등을 정리해 3·1만세운동 상황을 도쿄에 있는 러시아 대사에게 보고했습니다. 3월과 6월 사이 여러 차례의 보고에서 만세시위와 진압, 관련자 검거 상황 등을 상세히 전했습니다. 시위대와 일본 진압 병력의 무력충돌, 시위대의 일본 관공서와 헌병대 공격, 일본의 잔혹한 시위대 진압 등도 보고했습니다. 그는 객관적 태도를 유지하면서도 일본의 무자비한 탄압을 비난하고 독립운동에 목숨을 바치는 사람들에게 동정심을 보였습니다. 그는 조선인의 민족운동이 "전 세계를 휩쓴 민족자결주의의 흐름을 타고 서울은 물론 조선의 벽촌에서도 일본의 압제에 항거하는 시위가 환한 불길처럼 타올랐다."

* <연합뉴스>, 2019년 2월 17일자 기사 참고.

고 적었습니다.** 중립적 입장을 유지하려고 노력했던 외교관들조차 조선인의 독립을 지지하고 일본의 폭력적 지배를 비난했던 것입니다.

세계는 왜 아시아의 작은 나라에서 일어난 3·1만세운동을 뉴스로 전하고 지지했을까요? 3·1만세운동이 훌륭한 대중 참여 운동이어서 그랬을까요? 우리가 지지를 이끌어냈으니까 자부심을 느끼면 되는 것일까요? 물론 그들이 감동을 받고 지지를 보냈던 이유는 3·1만세운동이 진정성이 있었고 우리가 절박한 독립 염원을 나타냈기 때문입니다. 그러나 근본적으로 우리와 상관없는 사람들이 지지한 이유는 그들이 인류가 보편적으로 추구하는 가치를 중요하게 여겼기 때문입니다. 즉 어떤 민족이나 집단도 억압당하지 않고 자신의 결정에 따라 자유롭고 평화롭게 살 권리가 있다는 것을 인정했기 때문입니다. 세계인 누구나 당연하게 누려야 할 보편적 평화를 지지했던 것이지요.

그렇다면 보편적 평화란 무엇일까요? '보편적'이란 모든 것에 두루 미치거나 통하는 성질이 있다는 뜻입니다. 영어로는 'universal'인데 전 세계, 전 인류와 통하는 것을 말합니다. 보편적 평화는 전 세계, 전 인류, 나아가 집단, 민족, 국가에 상관없이 모두와 통하는 평화를 말합니다. 물론 '평화'라는 단어에는 이미 그런 의미가 포함돼 있습니다. 그러나 평화를 자기 마음대로, 자기 이익을 중심에 놓고 해석하는 사람들이

** <연합뉴스>, 2019년 2월 26일자 기사 참고.

있어서 보편적 평화를 강조하게 된 겁니다. 특히 여기서 생각해봐야 할 것은 보편적 평화와 민족주의의 관계입니다. 다른 나라들이 3·1만세 운동을 계기로 우리의 민족주의를 인정하고 응원했지만 그것은 일본의 억압하에서 자유롭고 평화로운 삶을 빼앗긴 약한 민족의 민족주의와 독립이었습니다. 다른 민족이나 국가를 힘으로 지배하고 폭력을 행사하는 강한 민족의 민족주의가 아니었습니다. 그러므로 보편적 평화를 지지하는 것에 어긋나지 않았습니다. 이는 보편적 평화가 상대적으로 강한 민족이나 국가의 민족주의는 지지하지 않을 뿐만 아니라 경계할 수밖에 없다는 것을 의미합니다. 잘못하면 약한 민족이나 국가에 대한 억압이나 부당한 행동을 지지하는 오류를 저지를 수 있으니까요.

최근 특히 강조되는 우리의 민족주의는 보편적 평화의 시각에서 어떻게 해석해야 할까요? 민족주의가 강조되고 대중의 관심을 끄는 정치적, 문화적, 사회적 상황을 반드시 나쁘다고 할 수는 없습니다. 그러나 거기에는 항상 경계가 따라야 합니다. 우리가 이제는 약하지 않기 때문에 더 그렇습니다. 특히 우리의 민족주의가 보편적 평화와 모순되는 상황을 만들지 않는지 따져봐야 합니다. 베트남 전쟁 참전과 민간인 학살을 여전히 반성하지 않고, 개발도상국을 지원한다는 핑계로 자연환경을 파괴하고 그곳 사람들의 삶에 피해를 입히는 민족주의는 경계를 넘어 없애야 합니다. 역사적 사실을 놓고 일본과 대립관계에 있다고 해서 보편적 평화에 어긋나게 일본인이 겪은 비극과 세계사에서 반드시 기억돼야 할 전쟁범죄인 원자폭탄 투하를 장사의 소재로 삼고 가볍게 여기는 실수 따위를 더는 저지르지 않아야 합니다. 보편적 평화는 주관적이고 민족적인 평화가 아니라 전 세계 누구나 누려야 할 평화입니다. 보편적 평화의 시각에서 우리 사회를 보고, 우리 사회의 관심과 이익을 보편적 평화의 기준에서 평가하고 따져보는 연습을 해야 합니다.

8강

쓰레기와 먹방

필리핀으로 간 쓰레기

2018년 7월 필리핀 관세청이 수입품 컨테이너에서 기저귀, 배터리, 전구 등이 섞인 한국산 쓰레기를 발견했습니다. 재활용이 가능한 플라스틱으로 신고되었지만 사실은 압축 쓰레기였습니다. 필리핀 관세청은 현지 업체로부터 1,400톤의 쓰레기가 담긴 컨테이너 51개를 압류했습니다. 이 회사가 소유한 부지에서는 5,100톤의 한국산 쓰레기가 더 발견됐습니다. 총 6,500톤의 한국산 불법 수출 쓰레기가 적발된 겁니다. 현지 업체는 한국인이 지분의 절반을 차지하고 있는 사실상 한국 회사였습니다.

필리핀 정부는 한국 정부에 쓰레기를 가져가라고 요구했고 필리핀

환경단체들은 주필리핀 한국대사관 앞에서 시위를 벌였습니다. "한국과 같은 선진국이 쓰레기 문제를 필리핀과 같은 개발도상국에 떠넘기는 것은 정의롭지 못한 일"이라고 비난하고 재발 방지 대책을 요구했습니다. 우리 환경부는 현지 조사 후 쓰레기 불법 수출 사실을 확인했습니다. 이 쓰레기 중 일부인 1,200톤이 2019년 2월 한국으로 돌아왔습니다. 그런데 되돌아온 쓰레기가 제주도 쓰레기인 것이 확인됐습니다. 깨끗하고 아름다운 제주도를 위해 다른 나라로 쓰레기를 불법 수출한 사실이 드러난 제주도는 크게 비난받았습니다.

필리핀으로 간 한국 쓰레기는 여러 가지를 생각하게 합니다. 첫째는 불법 쓰레기가 수출됐다는 점입니다. 이런 일이 생긴 이유는 행정당국이 허술하게 검사하고 수출을 허가했기 때문입니다. 수출업체는 6,500톤의 쓰레기 중 단 1킬로그램의 샘플만 제출해 허가를 받았다고 합니다. 둘째는 제주산 쓰레기가 필리핀까지 갔다는 겁니다. 그것은 제주도가 스스로 처리하지 못할 만큼 많은 쓰레기를 생산했다는 말입니다. 제주도는 쓰레기를 도내 소각장에서 처리하지 못하자 상당량을 압축 쓰레기로 만들었고 그중 일부를 해외로 보냈습니다. 폐기물 처리업체들은 재활용할 수 없는 쓰레기인데도 수출했습니다. 이전에도 제주도 압축 쓰레기가 필리핀 세부항과 민다나오항에서 퇴짜를 맞은 일이 있었고 제주도도 상황을 알았습니다. 그럼에도 재발을 막으려고 노력하지 않았습니다. 셋째는 우리 쓰레기가 외국으로 갔다는 것입니다. 이유는 단순합니다. 국내에서 재활용하고 소각하고 매립하지 못할 정도로 쓰레기가 많다는 것이지요. 사실 우리는 '재활용 쓰레기'라는 꼬리표를 붙여 우리 쓰레기 중 일부를 다른 나라로 보내면서 살고 있습니다. 법적으로는 문제가 없어 보이지만 정말 그럴까요?

2018년 4월 1일 재활용 쓰레기 배출 문제가 뉴스의 첫머리를 장식했습니다. 서울과 수도권의 재활용 쓰레기를 수거하는 업체들이 페트병, 비닐, 스티로폼 등을 수거하지 않겠다고 했습니다. 아파트 같은 공동주택에는 안내문이 붙었고 사람들은 당황했습니다. 업체들이 수거를 거부한 이유는 쓰레기를 처리할 곳이 없기 때문이었습니다. 그동안 우리가 배출한 플라스틱 쓰레기는 대부분 중국으로 수출했습니다. 그런데 2017년 말 중국이 환경보호 때문에 폐자원 수입을 금지했습니다. 수출길이 막힌 쓰레기는 골칫거리가 됐습니다. 국내에서는 가격이 너무 싸서 팔 수 없고 소각장으로 보내서 태우는 것도 쉽지 않았습니다. 소각장이 포화상태여서 처리 비용이 몇 년 사이 3~4배나 올랐기 때문입니다. 그러자 수거한 쓰레기를 몰래 버리는 일까지 생겼습니다. 매일 배출되는 쓰레기에 비해 소각장이 부족한 상황은 제주도만이 아니라 전국적인 일입니다. 재활용 쓰레기 수거는 환경부가 업체들의 이익을 배려해주기로 하면서 마무리됐습니다. 그러나 소각장에는 쓰레기가 쌓여가고 쓰레기 배출은 줄지 않았습니다. 정부는 계속 쓰레기를 수출할 곳을 찾고 있습니다.

재활용 쓰레기 수거 중단 사태를 겪은 후 나온 여론조사는 흥미로웠습니다. 한 조사에서 응답자의 72%가 재활용 쓰레기 수거 중단에 '불편함을 느끼지 않았다'고 답했습니다. 24%만이 '불편함을 느꼈다'고 했습니다. '재활용 쓰레기 분리배출을 잘 실천하고 있다'는 사람은 88%였습니다. 그동안 착실히 분리배출을 하던 사람들은 왜 불편함을 느끼지 않았을까요? 여론조사에서는 묻지 않았지만 모두 일반쓰레기 봉투에 넣어서 버렸을 겁니다. 재활용하지 못하는 것이 안타깝기는 하지만 말이지요. 그렇게 버려진 쓰레기는 소각장으로 가야 하지만 전국적으로 소각장은 포화상태입니다. 각자의 눈앞에서는 쓰레기 문제가 해결되지만 사회적으로는 전혀 해결되지 않는 겁니다.

우리나라 곳곳에는 쓰레기산이 있습니다. 그동안 잘 알려지지 않았지만 2018년에 쓰레기 수거 문제가 있은 후 쓰레기산도 덩달아 유명해졌습니다. 2019년 3월 3일 국제 뉴스채널인 CNN이 경북 의성에 있는 쓰레기산을 소개하면서 전 세계적으로 유명세를 타기도 했습니다. 그런데 의성 것보다 더 큰 쓰레기산도 있습니다. 환경부 집계에 따르면 2019년 2월 기준으로 1톤 이상 쓰레기가 쌓여 있는 쓰레기산은 전국에 235개이고 거기에 쌓여 있는 쓰레기는 대략 120만 톤입니다. 불법으로 버린 쓰레기가 쌓여 있는 곳도 많습니다. 이제 '금수강산'이 아니라 거의 '쓰레기강산'이 되고 있습니다. CNN이 의성의 쓰레기산을 보도하면서 지적한 문제는 한국이 전 세계에서 플라스틱 소비량이 가장 많다는 것이었습니다. 2018년 국민 1인당 연간 플라스틱 소비량은 약 100kg으로 세계 1위였습니다. 그동안 내내 1위였던 미국을 이미 2016년에 앞질렀고 그 후 1위를 지키고 있습니다.

대부분 페트병, 일회용 용기, 비닐 같은 플라스틱은 아무리 많이 써도 재활용하면 되니까 문제가 안 된다고 생각합니다. 그런데 재활용 비율은 아주 낮습니다. 우리나라 재활용 비율은 5~30% 정도라고 합니다. 정확한 통계도 없는 셈입니다. 전 세계적으로는 9% 정도에 불과합니다. 나머지는 소각되거나 매립되거나 버려집니다. 그런데 유럽연합EU의 재활용 비율은 2016년 42.4%로 아주 높았습니다. 리투아니아의 재활용 비율은 74%나 됐습니다. 하지만 몇몇 나라의 노력이 전 세계 문제를 해결하지는 못합니다. 통계는 분리배출이 쓰레기 문제의 해결책이 아니라는 점을 보여줍니다. 우리나라도 재활용으로 배출된 플라스틱 쓰레기를 수출하고 그렇지 않은 것은 소각하거나 매립해야 하는 상황입니다.

그런데 쓰레기 매립 상황도 암울합니다. 인천광역시 서구에는 수도권에서 나오는 쓰레기를 매립하는 수도권 3-1 매립장이 있습니다. 축구장 144배 크기로 수도권 쓰레기가 마지막으로 향하는 곳입니다. 2025년까지 사용할 계획을 세우고 2018년 9월에 가동을 시작했습니다. 그런데 쓰레기 반입량이 예상을 웃돌면서 문제가 생겼습니다. 지금 같은 추세라면 예정보다 3년 빠른 2022년 말에 포화상태가 됩니다. 인구가 집중되어 있는 수도권은 쓰레기도 가장 많이 배출합니다. 수도권의 쓰레기는 해마다 늘어나고 2018년에는 374만 톤의 쓰레기가 나왔습니다. 쓰레기를 처리하려면 계속 소각장과 매립장을 지어야 합니다. 그렇지만 쉽지 않습니다. 모두 자기 지역에 쓰레기 소각장이나 매립장이 들어서는 것을 반대하기 때문입니다. 도대체 쓰레기 문제는 어떻게 풀어야 할까요?

쓰레기가 만들어내는 부정의

세계 많은 나라가 쓰레기 처리 문제로 골머리를 앓고 있습니다. 우리처럼 플라스틱 쓰레기를 자국에서 처리하지 못해 수출하는 나라도 많습니다. 쓰레기는 소비의 결과고 잘사는 나라일수록 쓰레기를 더 배출하고 수출합니다. 전 세계 플라스틱 쓰레기의 거의 절반을 수입하던 중국이 수입을 중단하자 쓰레기를 수출하던 나라들은 당황했습니다. 이 나라들의 대책은 중국 대신 다른 나라로 쓰레기를 보내는 것이었습니다.

미국은 2017년까지 플라스틱 쓰레기의 70% 이상을 중국과 홍콩으로 보내다가 중국 수출길이 막히자 아시아 다른 국가들로 수출했습니다. 중국 수출이 막힌 직후인 2018년 1월에서 6월 사이 플라스틱 쓰레기 수출을 보면 중국은 92%, 홍콩은 77% 줄었습니다. 이제 쓰레기는 어디로 갔을까요? 태국, 말레이시아, 베트남으로 갔습니다. 미국 플라스틱 쓰레기의 말레이시아 수출은 273% 늘었고, 베트남 수출은 46% 늘었습니다. 심지어 터키와 한국으로의 수출도 크게 늘었습니다.* 주목할 것은 태국 수출은 2018년 한 해 동안 무려 7,000%, 그러니까 70배나 급증했습니다.**

영국 상황도 비슷합니다. 중국의 수입 금지 이후 영국의 플라스틱 쓰레기도 말레이시아, 베트남, 태국으로 향했습니다. 말레이시아 수출은 300% 늘었고, 베트남 수출은 50% 늘었습니다. 태국 수출은 무려 50배나 급증했습니다.*** 독일, 일본, 멕시코, 캐나다 등 중국으로 수출을 많이 하던 나라들도 상황이 비슷했습니다. 한국도 다르지 않았습니다. 중국 수출이 막히자 필리핀, 태국, 베트남, 말레이시아 등으로 수출을 늘렸습니다. 2018년 한 해 동안 필리핀 수출은 34배나 늘었고 태국 수출도 12배 증가했습니다.**** 필리핀으로 갔던 불법 쓰레기의 귀국은 이렇게 수출이 급증하는 상황에서 생긴 일입니다.

플라스틱 쓰레기 수입이 급증하자 베트남, 태국, 말레이시아는 난감한 상황이 됐습니다. 쓰레기를 처리할 시설은 늘지 않았는데 갑자기 너

* *The Guardian*, 2018년 10월 5일자 기사 참고.
** *NPR News*, 2019년 3월 13일자 기사 참고.
*** *Independent*, 2018년 6월 15일자 기사 참고.
**** MBC 뉴스, 2018년 12월 19일 보도 참고.

무 많은 쓰레기가 들어왔으니까요. 마침내 2018년 8월 베트남은 수입을 엄격하게 규제하겠다고 했고 상황을 봐서 수입을 전면 중단하겠다고 발표했습니다. 태국은 일부 수입을 중단했고 말레이시아도 3년 안에 단계적으로 수입을 중단하겠다고 했습니다. 플라스틱 쓰레기를 많이 수입하던 폴란드도 중국의 영향을 받았습니다. 수입이 늘어난 데다 불법 수입까지 많아지자 한도를 정했습니다.

플라스틱 쓰레기 수출은 국가 사이의 합법적인 무역 거래입니다. 그러니 법적으로는 문제가 되지 않습니다. 그러면 아무 문제도 없을까요? 그렇다면 베트남, 태국, 말레이시아는 돈을 버는 일인데 왜 수입 중단을 고려할까요? 단순히 너무 많이 들어와서 그럴까요? 플라스틱 쓰레기는 수입국에서 재활용한다는 전제하에 수출합니다. 그러나 진실은 플라스틱 쓰레기도 '쓰레기'라는 겁니다. 이것이 여러 가지 문제를 일으키는 근본적인 이유입니다.

플라스틱 쓰레기 수입과 관련한 첫 번째 문제는 수입하는 나라들이 필요한 양보다 많이 수입한다는 것입니다. 플라스틱 쓰레기를 수입하는 이유는 다른 나라 쓰레기를 치워주려는 것이 아니라 재활용하기 위해서입니다. 그런데 갑자기 수입이 늘어난 베트남, 태국, 말레이시아, 필리핀 등은 자국의 쓰레기도 완전히 처리하지 못하는 수준입니다. 게다가 수입한 것이 모두 재활용할 만큼 깨끗하지도 않습니다. 그럼에도 수입을 늘린 이유는 그중 일부라도 재활용하면 이익이 된다고 생각하기 때문입니다.

사실 우리나라도 플라스틱 쓰레기를 수입합니다. 재생 플라스틱 원료를 만들어 수출하려고요. 우리나라 플라스틱 쓰레기도 많은데 왜 수입할까요? 우리나라 것은 이물질이 많아 30% 이상을 버려야 하기 때문에 깨끗한 플라스틱 쓰레기를 수입하는 겁니다. 우리가 쓰지 못하는 더러운 것 중 일부를 필리핀, 베트남, 말레이시아 등에 수출합니다. 당연히 우리가 수출한 것에서 다시 버릴 것이 생깁니다. 그것을 치우는 것은 수입한 나라들 몫입니다.

이것이 두 번째 문제입니다. 재활용하려고 수입한 플라스틱 쓰레기 중 많은 양이 다시 쓰레기가 됩니다. 중국의 수입 금지 이후 플라스틱 쓰레기를 수입한 말레이시아에서도 그중 30% 정도만 재활용되고 나머지는 그냥 버려집니다.* 문제는 그렇게 버려진 쓰레기가 제대로 처리된다는 보장이 없다는 것입니다. 한국의 한 언론사는 말레이시아에서 무단으로 버려진 거대한 쓰레기 더미를 발견했습니다. 거기에는 한국 쓰레기도 많이 섞여 있었습니다. 주민들이 임시대책으로 마을 주변 쓰레기를 태우기도 하지만 그것도 한계가 있다 보니 쓰레기로 고통받으며 살고 있습니다.** 말레이시아가 수입한 쓰레기를 모두 재활용하지도 못하고 제대로 처리하지도 못하는 상황을 보여주는 사례입니다. 갑자

* <세계일보>, 2019년 2월 7일자 기사 참고.

** SBS 뉴스, 2019년 1월 17일 보도 참고.

기 쓰레기를 대량 수입하게 된 다른 나라들의 사정도 비슷할 것으로 짐작합니다.

세 번째 문제는 수입이 늘면 불법 수입도 늘어난다는 점입니다. 말레이시아 정부와 환경단체들은 수입허가증을 가지고 합법적으로 플라스틱 쓰레기를 수입하는 업체보다 불법 영업을 하는 업체가 몇 배나 더 많다고 보고 있습니다. 또 합법적으로 수입한 플라스틱 쓰레기를 웃돈을 받고 불법 업체에 넘기기도 합니다. 그러면 불법 업체는 돈이 되는 것들만 골라낸 후 나머지는 무단으로 버리거나 불법으로 소각합니다.*** 한국 언론사가 발견한 거대한 쓰레기 더미는 그렇게 버려진 것 중 하나라고 볼 수 있습니다. 불법 업체가 쓰레기를 수출하는 외국 업체와 손잡고 처음부터 불법으로 수입할 수도 있습니다. 필리핀에서 돌아온 우리 쓰레기가 그것을 증명합니다. 2018년 9월 충남 당진항에서는 베트남으로 불법 수출하려던 쓰레기 3,500톤이 발견됐습니다. 업체는 온갖 생활 쓰레기가 뒤섞인 것을 재활용 쓰레기로 둔갑시켜 수출하려다 적발됐습니다. 이 업체는 6,500톤을 더 수거해 1만 톤을 수출하려고 했습니다. 생각만 해도 부끄럽고 끔찍한 일입니다.

플라스틱 쓰레기를 수입하는 나라에서 이익을 얻는 사람은 관련 사업을 하는 소수입니다. 대다수는 피해를 입습니다. 자국에서 나오는 쓰

*** <세계일보>, 2019년 2월 7일자 기사 참고.

레기도 처치하기 곤란할 정도로 많은데 수입까지 하니 당연한 일입니다. 특히 쓰레기가 무단으로 버려진 곳 주변에 사는 사람들은 큰 피해를 볼 수밖에 없습니다. 악취, 자연 발화로 인한 화재, 독성 가스, 비 온 후 침출수 발생 등 생활환경은 나빠지고 건강에도 영향을 미칩니다. 쓰레기 더미를 뒤져 생활하는 사람들도 있습니다. 그러나 그 역시 건강을 포기하며 마지못해 하는 일입니다. 우리나라에서도 쓰레기가 불법으로 버려진 곳 주변에 사는 사람들의 피해는 말도 못할 지경입니다. 악취와 불타는 쓰레기에서 나오는 독성 가스와 재 때문에 밖에 빨래도 못 널고 창문도 열지 못합니다. 그런데 그것이 다른 나라에서 온 쓰레기라면 어떨까요? 아마 분노가 하늘을 찌를 겁니다. 우리나라 쓰레기를 수입한 나라에 사는 사람들이 그와 같은 일을 겪고 있습니다.

쓰레기 수출은 겉으로는 평범한 무역 거래처럼 보이지만 사실은 선진국이 자기 나라의 쓰레기를 개발도상국에 떠넘기는 것입니다. 선진국이 쓰레기를 수출하는 이유 가운데 하나는 비용 문제 때문입니다. 우리나라에서 생활 쓰레기를 폐기하려면 1톤당 15만 원 정도가 들지만 필리핀에서는 4만 원 정도가 듭니다. 운송비를 포함해도 1톤당 6만 원 정도면 처리할 수 있습니다. 업체들이 불법 수출까지 하는 이유입니다. 플라스틱 쓰레기도 마찬가지입니다. 우리나라에서는 제대로 재활용되지 않으니 어쨌든 처리해야 하는데 비용이 비쌉니다. 그러니 수출이란 명분으로 처리 비용이 훨씬 싼 나라로 보내는 겁니다. 다른 선진국도 마찬가지입니다. 또 다른 이유는 쓰레기 처리 규정이 엄격하지 않거나 거의 없는 개발도상국의 상황을 이용하는 겁니다. 플라스틱 쓰레기는 독성 물질을 함유하고 있어서 선진국에서는 엄격한 규제에 따라 친환경적으로 처리해야 합니다. 그러니까 자기 나라에서 처리하기 복잡하고 곤란한 것들을 개발도상국으로 보냅니다. 자기 나라에서 처리하기 힘들다면 생산하지도 쓰지도 말아야 합니다. 우리나라도 다르지 않습니다.

쓰레기 수출은 그러므로 정의와 평화의 문제로 봐야 합니다. 경제적으로 강자인 선진국이 약자인 개발도상국의 약점과 허점을 악용해 골치 아픈 문제를 떠넘기고 쓰레기 처리장 취급을 하니까요. 전 세계 환경단체들은 자국의 쓰레기를 책임지지 않는 선진국의 비겁하고 비윤리적인 행동을 비난합니다. 쓰레기를 수입하는 나라 사람들도 "우리는 쓰레기통이 아니다."라며 분노합니다. 감당하지 못할 쓰레기를 만들고 그 책임을 약한 나라에 떠넘기는 일은 무엇보다 정의롭지 못합니다. 경제적으로 힘이 있는 선진국이 힘이 없는 개발도상국을 착취하는 일이니까요. 약간의 이익 때문에 쓰레기를 수입하는 나라들과 거기 사는 사람들에게는 정의와 평화가 없는 세상입니다.

먹방이 보여주는 소비 방식

먹방먹는 방송의 열기가 식을 줄을 모릅니다. 먹방은 영어로도 '먹방mukbang'입니다. 국제적인 인터넷 사전인 위키피디아는 먹방을 한국어 발음 그대로 'mukbang, muk-bang, or meokbang'으로 표기하고 한국어라고 설명합니다. 그리고 "방송을 하는 호스트가 많은 음식을 먹으면서 그것을 보는 사람들과 상호작용하는 온라인 생방송"이라고 덧붙입니다. 먹방은 한국에서 시작됐습니다. 위키피디아 한국어판은 먹방이 "2000년대 후반부터 대한민국에서 널리 쓰이는 신조어"이고 2009년 한 인터넷 플랫폼에서 시작됐다고 설명합니다. 한국의 먹방은 세계인들까지 먹방의 세계로 끌어들였습니다. 외국에서도 먹방에 관심을 가지고 심지어 먹방을 하는 사람들도 있습니다. 이들을 영어로 '먹방어mukbanger'라고 부릅니다. 단어 그대로 '먹방을 하는 사람'이란 뜻입니다.

먹방은 기본적으로 음식을 맛있게 먹는 것보다 많이 잘 먹는 것에 초점이 맞춰져 있습니다. 먹는 것은 인간의 기본적인 욕구이자 생존을 위한 행위로 여겨졌는데 이제는 그것이 방송 콘텐츠가 되었습니다. 왜일까요? 모두가 알고 있듯이 비정상적으로 많이 먹는 것을 보여주기 때문입니다. 먹방에서 보여주는 것은 음식을 매개로 한 놀이와 많이 먹는 재주입니다. 그리고 그것으로 돈을 법니다. 먹방은 때로 몹시 불편합니다. 우리나라든 다른 나라든 여전히 굶는 사람이 많은데 음식을 놀이 도구로 삼기 때문입니다. 어려움을 많이 겪었던 우리 사회에는 '음식으로 장난치면 안 된다'는 생각이 퍼져 있기도 합니다. 그렇다면 먹방을 윤리적으로 문제가 있다고 봐야 할까요? 거기에는 논란이 있을 수 있습니다. 굶는 사람이 있다고 해서 많이 먹는 사람을 비윤리적이라고 비난할 수는 없으니까요. 음식을 반드시 신성한 것으로 취급해야 하는지도 의문입니다. 먹방을 돈을 버는 활동으로 본다면 직업 선택의 자유와 관련된 문제이기도 합니다.

먹방이 너무 많아지자 정부가 공식적으로 불편함을 드러냈습니다. 2018년 7월 정부는 '국민 비만관리 종합대책'을 내놓았습니다. 2022년 비만율을 2016년 수준인 35% 정도로 유지하는 것을 목표로 삼았습니다. 한국인의 3분의 1이 비만이라니 충격이긴 합니다. 정부는 먹방 콘텐츠를 모니터링하기로 했습니다. 정부가 나선 이유는 비만으로 인한 사회경제적 손실이 최근 10년 동안 2배 증가했고 특히 아동·청소년 비만율이 26%로 OECD경제협력개발기구 평균보다 높기 때문입니다. 왜 먹방을 모니터링하는 걸까요? 정부가 그러는 것이 정당할까요? 먹방이 정말 비만에 영향을 주기는 할까요? 2018년 11월 국민건강보험공단이 발표한 '2018년 비만에 대한 인식도 조사'의 한 대목을 보면 얼추 짐작할 수 있습니다. '방송에서 보여주는 화려한 음식이나 과도한 폭식 영상이 불필요한 허기나 식욕을 촉진해 비만을 유발, 조장한다고 생각하느냐'는 질문에 응답자의 61.2%가 '그렇다'고 했습니다. 정부 입장에서 보면 국민 건강은 사회의 자원이고 건강 위험이나 질병은 사회의 손실이자 불필요한 비용 지출의 원인이 됩니다. 그러니 먹방을 모니터링할 이유가 있는 것이지요. 다른 나라에서도 정부가 비만을 줄이기 위해 법과 제도를 만들어 대응하고 있으니 우리 정부의 계획이 유난스러운 것은 아닙니다.

먹방이 가끔 논란이 되지만 사람들 사이에서 거의 문제로 여겨지지 않는 점은 우리 사회의 소비 방식과 관련돼 있습니다. 먹방을 하고 그것을 보는 많은 사람이 음식의 무한 소비를 지지하거나 전혀 거부감이 없습니다. 물론 고도의 자본주의 사회에서 소비는 경제를 지탱하는 중요한 중심축입니다. 그렇지만 먹방과 관련된 무한 소비는 신중히 생각해볼 필요가 있습니다. 소비하는 것의 특수성 때문입니다.

모든 식재료는 자연에서 옵니다. 화학성분이 많이 들어가는 음료수나 사탕 같은 것에도 물, 설탕, 과즙 등 자연 재료가 포함돼 있습니다. 우리가 음식을 소비하는 것은 결국 자연을 소비하는 것입니다. 여기에 우리가 생각해봐야 할 점이 있습니다. 자연 자원은 무한하지 않은데 식재료를 많이 소비하면 결국 자연환경과 생활환경이 황폐해집니다. 그로 인해 피해를 입는 사람들도 생깁니다.

명태는 우리나라에서 가장 흔했는데 지금은 사라진 대표적인 생선입니다. 1970년대에 명태 어획량이 급증하자 정부는 치어인 노가리까지 잡도록 허가했습니다. 1976년에는 명태 어획량의 92%가 노가리였다고 합니다. 노가리는 인기 있는 술안주가 됐습니다. 그래도 1980년대까지는 명태가 연간 10만 톤 이상 잡혔습니다. 1990년대가 되자 어획량이 급감해 6,000톤 정도로 줄었습니다. 정부는 그제야 잡을 수 있는 명태의 크기를 제한했지만 이미 늦었습니다. 2008년에는 한 마리도 잡히지 않았습니다.

국립수산과학원은 2014년 '명태 살리기 프로젝트'를 시작했습니다. 다행히 양식에 성공해 2016년 122만 6,000마리를 방류했습니다. 그런데 이 명태들이 언제 돌아와 우리 식탁에 오를지는 알 수 없습니다. 명태는 어획이 금지돼 있습니다.

명태가 사라진 이유는 기후변화로 인한 수온 상승, 러시아와 일본의 대량 어획 등 여러 가지가 있습니다. 또 다른 중요한 이유는 치어인 노가리를 닥치는 대로 잡았기 때문입니다. 고등어, 갈치, 오징어, 주꾸미, 붉은 대게 등도 마구잡이로 잡다 보니 과거보다 어획량이 줄었습니다. 그런 데다 기후변화의 영향까지 겹쳐 미래의 상황을 예측하기 어렵습니다.

동해는 전 세계에서 어획량이 급속도로 감소한 곳입니다. 미국의 한 대학 연구팀이 발표한 논문에 의하면 1930년부터 2010년까지 80년 동안 전 세계 어획량은 평균 4.1% 감소했습니다. 기후변화의 영향이 특히 컸습니다. 그런데 동해는 같은 기간 어획량이 34.7%나 줄어서 전 세계 감소 순위 1위를 차지했습니다. 기후변화뿐만 아니라 마구잡이로 잡아 어장이 황폐해졌기 때문이라는 분석입니다.* 남획은 소비 증가가 원인입니다. 자연 자원은 유한한데 소비는 무한대로 치닫고 있어서 벌어지는 일입니다.

육류의 소비 증가로 인한 파장도 만만치 않습니다. 구제역은 무서운 가축 질병이라 감염된 소와 돼지는 살처분합니다. 예방을 위해 주변 지역에 있는 소와 돼지도 살처분합니다. 2000년부터 2017년까지 살처분된 소와 돼지는 약 390만 7,000마리였습니다. 구제역 발생 빈도는 줄었지만 살처분이 사라진 것은 아닙니다. 닭과 오리 같은 가금류도 2003년 AI조류 인플루엔자가 처음 발생한 이후 해마다 수난을 당하고 있습니다. 2003년부터 2017년까지 약 8,200만 마리가 살처분됐습니다. 특히 2016년 말에서 2017년 초까지 최악의 AI 발생으로 3,787만 마리 이상이 살처분됐습니다.** 2017년 11월부터 2018년 3월 사이에도 654만 마리가 살처분됐습니다. 2000년에서 2019년 초까지 살처분된 가축은 모두 9,806만 마리로 매년 544만 마리 넘게 죽임을 당했습니다.*** 2019년 9월 중순에는 아프리카돼지열병이 발생해서 10월 초까지 3주 동안 발생 농가의 돼지 14만 5,546마리가 살처분됐습니다. 감염된 10여 마

* <한겨레>, 2019년 4월 1일자 기사 참고.

** JTBC, 2017년 6월 6일 보도 참고.

*** <한겨레>, 2019년 2월 23일자 기사 참고.

리를 제외하곤 모두 예방 차원에서 살처분됐습니다. 정부는 질병 확산을 막기 위해 주변 지역의 돼지 약 5만 마리도 사들여 전부 살처분했습니다.****

이렇게 가축이 질병에 취약하게 된 근본적인 원인은 기르는 방식에 문제가 있기 때문입니다. 공장식 축산으로 사육된 동물은 건강하지 않아서 질병에 잘 감염되고 결국 살처분되는 운명을 맞게 됩니다. 공장식 축산을 하는 이유는 싼값에 많은 육류를 공급하기 위해서입니다. 그 결과 해마다 많은 동물이 죽어갑니다.

동물의 대량 살처분은 단순히 농민들의 금전적 피해로 끝나지 않습니다. 살처분에 동원된 노동자들은 트라우마에 시달립니다. 동물을 산 채로 땅에 묻거나 질식사하는 모습을 봐야 하는 심정이 오죽하겠습니까. 10년이 지나도 가축의 비명 소리가 들리는 것 같고 죽어가던 모습이 잊히지 않는 외상후 스트레스 장애와 우울증에 시달립니다. 2017년 국가인권위원회가 가축 살처분에 참여한 공무원과 수의사 268명의 심리 건강 상태를 조사했습니다. 응답자의 76%가 외상후 스트레스 장애 판정 기준을 넘어섰고 심한 우울증이 의심되는 경우도 23.1%나 됐습니다.

우리가 먹는 음식이 어떤 식재료로 만들어지고 그 식재료가 어디서

**** <뉴시스>, 2019년 10월 7일자 기사 참고.

어떤 과정으로 생산되고 유통되는지, 그 과정에서 누가 어떤 영향을 받는지 생각해봐야 합니다. 필요 이상으로 음식을 소비하는 것이 자연을 착취하고 인간과 동물에게 피해를 입힐 수 있으니까요. 식재료의 생산과 그것이 미치는 여러 가지 영향을 생각한다면 음식을 쉽게 생각할 수 없습니다. 우리가 먹방을, 그로 인해 확산되는 음식의 무한 소비 방식을 신중하게 생각해봐야 하는 이유입니다.

무한 소비의 무한한 영향

소비는 우리 일상과 생존을 위해 가장 중요한 일 중 하나입니다. 생활수준이 높아질수록 소비도 늘어나고 소비품의 종류도 늘어납니다. 자연스럽게 외국산 소비도 늘어납니다. 식품도 예외가 아닙니다. 식품을 수입하려면 까다로운 절차를 거쳐야 해서 가공식품 이외에 개인이 직접 들여오는 경우는 거의 없습니다. 그러다 보니 식재료 수입에 대해서는 눈여겨보지도 깊이 생각하지도 않습니다. 사실 우리나라는 다른 나라에 의존하지 않고는 식생활을 유지하지 못합니다. 쌀과 달걀을 제외하고 부족한 거의 모든 식품을 수입합니다. 채소의 자급률도 90% 정도입니다. 농림축산식품부 자료에 의하면 2018년 우리나라의 식량 자급률은 46.7%로 1년 전보다 2.2% 떨어졌습니다. 가축사료용을 포함한 곡물 자급률은 21.7%로 이 역시 1년 전보다 1.7% 떨어졌습니다. 모두 OECD 국가 중 최하위입니다. 사료용 곡물까지 포함하면 우리는 세계 5위의 곡물 수입국입니다. 우리는 매일 전 세계에서 생산되고 가공된 식품을 소비합니다. 국내산 고기도 외국산 곡물로 키운 가축에서 나옵니다. 그러니 우리의 음식 소비는 세계와 연결돼 있습니다.

우리뿐만이 아닙니다. 세계 모든 나라가 서로 식품을 거래합니다. 자연스러운 일이고 서로 도움이 되는 일입니다. 그런데 세계화의 영향으로 전 세계 식생활과 소비 변화가 특정 생산 지역에 미치는 부정적인 영향도 커집니다.

전 세계 식품 소비가 생산지에 미치는 영향을 말해주는 몇 가지 사례가 있습니다. 새우는 전 세계적으로 소비가 급증하는 식품입니다. 자연적인 공급으로는 늘어나는 소비에 맞출 수가 없습니다. 그래서 새우 양식이 늘었습니다. 전 세계 새우 중 55% 정도가 양식으로 생산됩니다. 중국, 태국, 인도네시아, 베트남, 인도, 브라질, 에쿠아도르 등 아시아에서 남미까지 많은 개발도상국이 새우를 양식합니다. 그러다 보니 새우 양식장 주변의 생태계가 파괴되고 염분이 많아진 토지가 회복 불가능 수준으로 망가지는 일이 반복됩니다. 토지가 양식장이 되면 농민들은 일자리를 잃습니다. 지나친 화학약품 사용으로 주변 지역이 오염되기도 합니다. 새우 양식장은 자연을 파괴하고 인간의 삶을 힘들게 만듭니다. 그럼에도 양식이 증가해 우리는 예전보다 새우를 더 많이 자주 먹

우리는 매일 전 세계에서 생산되고 가공된 식품을 소비합니다. 국내산 고기도 외국산 곡물로 키운 가축에서 나옵니다. 그러니 우리의 음식 소비는 세계와 연결돼 있습니다. 우리뿐만이 아닙니다. 세계 모든 나라가 서로 식품을 거래합니다. 자연스러운 일이고 서로 도움이 되는 일입니다. 그런데 세계화의 영향으로 전 세계 식생활과 소비 변화가 특정 생산 지역에 미치는 부정적인 영향도 커집니다.

게 됐습니다.

코코넛 오일로도 불리는 야자유palm oil의 생산 증가도 전 세계가 우려하는 일입니다. 야자유는 화장품, 가공식품, 비누, 연료까지 다양한 곳에 사용됩니다. EU는 수입한 야자유의 거의 절반을 친환경 바이오 연료로 사용합니다. 인도네시아와 말레이시아는 전 세계 야자유의 80% 이상을 생산합니다. 이 나라들에서는 야자수 농장을 만들기 위해 열대우림을 잇따라 불태워 없앱니다. 열대우림은 지구온난화와 기후변화에 대응하기 위해서도 보존해야 하는데 말입니다. 삼림이 없어지자 동물은 물론 고산 부족들까지 삶의 보금자리를 잃었습니다. 특히 전 세계 야자유의 50% 이상을 생산하는 인도네시아에서는 대형 야자수 농장을 세우느라 삼림에 사는 부족과 작은 땅을 가진 농부들을 가차없이 쫓아냈습니다. 야자유 생산의 증가는 자연과 많은 사람의 삶을 망가뜨려 얻어진 결과입니다. 생산이 증가하고 값이 싸지자 우리나라에서도 미용과 음식 조리에 야자유를 쓰기 시작했습니다.

아마존은 세계에서 가장 넓은 열대우림으로 전 세계 허파 역할을 하는 곳입니다. 그런데 거의 20%에 이르는 면적이 이미 사라졌습니다. 과학자들은 삼림 소실 수준이 20%대에 진입하면 생태계 기능의 회복이 불가능해질 것이라고 우려합니다. 아마존 삼림이 사라진 이유는 농장 때문입니다. 특히 80% 이상이 소 농장 때문에 사라졌습니다. 아마존의 60%가 있는 브라질은 전 세계에서 소를 가장 많이 키우고 세계

소고기의 4분의 1을 공급합니다. 한동안 브라질의 아마존 훼손이 줄어들다가 2017~2018년에는 전년보다 13.7%나 늘어서 10년 만에 최고치를 기록했습니다. 한 해에 축구장 987,500개와 맞먹는 삼림이 사라졌습니다.* 아마존 삼림의 훼손은 거기 사는 많은 동물과 사람들의 삶도 함께 망가뜨립니다. 브라질에서 대량으로 생산한 소고기는 햄버거 패티 등에 사용하려고 전 세계에서 싸게 수입합니다.

새우 양식, 야자수 농장, 소 농장은 그 자체로 문제가 아닙니다. 누구든지 돈을 벌기 위해 무언가를 생산할 수 있으니까요. 문제는 필요에 따라 식품의 수요와 소비가 이루어지거나 충분한 능력이 있어서 공급이 이루어지는 것이 아니라는 점입니다. 식품 소비는 유행과 호기심, 식탐 때문에 늘어나기도 합니다. 공급은 싸게 많이 생산하려고 자연과 인간을 착취해서 무리하게 이루어지는 경우가 많습니다. 낮은 가격과 대량 소비를 위해 저항하지 못하는 자연과 약한 사람들이 피해를 떠안는 것이지요.

소비 증가는 경제적으로만 보면 좋은 일입니다. 그러나 유한한 자연자원을 생각해보면 마냥 좋아할 수 없습니다. 특히 식품은 모두 자연에서 오는데 그 자연이 아주 불안하고 위험한 상황이니까요. 다양한 분야의 과학자들은 지구온난화와 기후변화가 가져올 사태와 식량 불안 문

* *The Guardian*, 2018년 11월 24일자 기사 참고.

제를 우려합니다. 향후 어떤 일이 닥칠지 모르니 자연을 잘 보전해야 합니다. 그런데 식품의 무한 소비는 끊임없이 자연에 부담을 주고 결국 자연을 망가뜨립니다.

우리 사회에서는 먹방, 쿡방, 여행 프로그램 등의 영향으로 음식에 대한 관심이 높아지고, 그 결과 다시 많은 먹방과 음식 관련 프로그램이 생겨나는 일이 반복됩니다. 이제 사람들은 삼시 세끼 밥만 먹지 않고 다양한 간식과 디저트를 먹고, 심지어 욕구 불만과 화를 풀어줄 음식까지 소비합니다. 음식 소비 형태도 다양해졌습니다. 조리하지 않고 바로 먹을 수 있게 가공된 음식과 1인용 소포장 식재료도 늘었습니다. 간편한 식사를 원하는 사람이 많아지니까 배달음식이 급증했습니다. 이런 모든 변화는 플라스틱 쓰레기의 증가로 이어졌습니다. 그리하여 우리나라 곳곳에 쓰레기가 쌓이고 플라스틱 쓰레기는 수출까지 합니다. 식품 소비의 증가와 변화가 전 세계가 직면한 쓰레기 문제로 이어집니다.

우리는 아주 복잡한 세상에 살고 있습니다. 한 가지 일이 다른 많은 일과 연결되고 무한대로 문제가 확대되는 세상에 말이지요. 한 사람 한 사람의 일상이 결국 세상 모든 사람의 삶, 세계가 직면한 문제들과 연결돼 있습니다. 우리는 음식이든 물건이든 별생각 없이 필요 이상으로 소비할 수 없는 시대에 살고 있습니다. 오히려 소비를 줄여야 모든 사람과 함께 생존할 수 있는 시대에 살고 있습니다.

9강

우리의 평화, 세계의 평화

방글라데시 의류 노동자와 우리의 삶

2013년 4월 24일 방글라데시의 수도 다카에서 최악의 산업사고가 발생했습니다. 라나플라자라는 8층짜리 건물이 무너졌는데 이 건물에는 의류공장 5곳이 있었습니다. 갑작스러운 붕괴로 의류공장 노동자 1,132명이 사망하고 2,500명 이상이 부상당했습니다. 건축 기준을 제대로 지키지 않은 채 허술하게 지어진 건물이 원인이었습니다. 더군다나 건물 꼭대기 몇 개 층은 불법으로 증축됐습니다. 원래도 허술했던 건물에 몇 개 층이 더 올려지자 아래층이 무게를 견디지 못해 무너진 것이죠. 이곳에서 일하던 노동자는 대부분 일주일에 9달러10,800원* 정도를 받던 여성들이었습니다.

역사에 기록될 최악의 사고에 전 세계는 충격을 받았습니다. 단순히 많은 노동자가 사망했기 때문이 아닙니다. 책임감을 느꼈기 때문입니다. 그곳의 노동자들은 각종 브랜드 이름을 달고 전 세계로 수출되는 의류를 생산했습니다. 세계적으로 유명한 브랜드들도 그곳에서 의류를 생산했습니다. 방글라데시 의류공장은 작업환경이 나쁘기로 유명했습니다. 하루아침에 건물이 무너진 것만 봐도 상황을 짐작할 수 있습니다. 그런 곳에서 아주 적은 임금을 받고 일하는 사람들 덕분에 전 세계 소비자들은 싼값에 옷을 사고 기업들은 이익을 얻은 것이죠. 이에 사람들은 책임감과 죄책감, 슬픔과 분노를 동시에 느꼈습니다.

방글라데시 의류공장의 열악한 노동환경은 이미 잘 알려져 있었습니다. 라나플라자 사고가 나기 5개월 전에도 화재가 난 한 의류공장에서 빠져나오지 못한 112명의 노동자가 목숨을 잃었습니다. 라나플라자 사고 이후에도 크고 작은 사고가 이어졌고 노동자들도 끝없이 목숨을 잃었습니다.

라나플라자 사고 이후 몇 개월이 지난 2013년 9월 다카와 인근 지역에서 의류공장 노동자들이 대규모 시위를 벌였습니다. 너무 낮은 임금 때문이었습니다. 노동자들은 3,000타카38달러, 45,600원인 월 최저임금을 8,000타카103달러, 123,600원로 올려달라고 요구했습니다. 약 20만 명이 며

* 달러는 당시 방글라데시 통화 대비 달러 환율이고, 한화 환율은 2019년 9월 말의 1달러 대비 한화 기준 환율인 1,200원을 적용해 당시 환율과 차이가 있을 수 있음.

칠 동안 시위를 벌였습니다. 그로 인해 의류공장 300곳 이상이 한동안 문을 닫았습니다. 경찰은 고무탄과 최루탄으로 강경하게 진압했습니다. 8,000타카도 여전히 적은 임금인데 그것을 위해 노동자들은 위험을 무릅썼습니다.

2019년 1월에도 거의 2주 동안 노동자들의 시위가 있었습니다. 수만 명이 파업에 동참했습니다. 이때도 역시 경찰은 고무탄과 최루탄으로 강경하게 진압했습니다. 경찰과 시위대의 충돌로 한 명이 목숨을 잃기도 했습니다. 노동자들의 요구는 임금 인상이었습니다. 임금은 라나플라자 사고와 세계의 관심, 노동자들의 시위 이후 2013년 말에 5,300타카63달러, 75,600원로 올랐습니다. 그리고 2018년 11월에야 2013년에 요구했던 수준인 8,000타카96달러, 115,200원가 됐습니다. 인상률로만 보면 50%가 넘습니다. 하지만 달러로 환산하면 2013년에 요구했던 8,000타카보다 적은 금액입니다. 노동자들은 그동안의 물가상승률을 적용하면 여전히 너무 적다고 주장했습니다. 방글라데시 의류산업 노동자들의 임금 수준은 다른 아시아 국가들과 비교해도 아주 낮습니다. 시위와 파업 이후 여러 공장에서 약 5,000명이 해고됐습니다. 모두 이름만 대면 알 만한 세계 유명 브랜드의 옷을 만드는 공장들이었습니다.

의류산업은 방글라데시의 핵심 산업입니다. 방글라데시는 중국에 이어 세계 2위의 의류 수출국이고 의류는 방글라데시 전체 수출의 80%를 차지합니다. 의류산업의 성장은 순전히 적은 임금을 받고 열악한 노동환경을 견디면서 일한 노동자들 덕분입니다. 많은 나라에서 그렇듯이 말이지요. 공장들은 노동자들에게 형편없는 임금을 지불하고 작업환경도 열악하기 짝이 없습니다. 그렇게 해서 생산비를 낮추고 세계 의류 브랜드들을 위해 싼값의 옷을 생산하는 겁니다.

2019년 4월 우리나라의 유명 대형마트 중 하나가 9,900원짜리 청바지 15만 장을 판매한다고 홍보했습니다. 대형마트의 자체 브랜드 제품으로 값이 싸지만 놀랍게도 거기에 수입 관세, 물류비, 이윤까지 모두 포함돼 있다고 했습니다. 덧붙여 그 값은 1년 동안 치밀하게 기획하고 준비한 덕분에 가능하다고 했습니다. 인도와 파키스탄의 면화와 원단을 직접 구매해 대행업체 수수료를 아꼈고 방글라데시 의류공장에서 비수기인 9~10월에 생산했다고 했습니다.* 소비자에게 싼값의 상품을 제공하기 위한 대형마트의 노력이 대단합니다. 그런데 낮은 임금을 받고 일하는 인도와 파키스탄의 면화 노동자들이 없었다면 불가능한 값입니다. 무엇보다 적은 임금을 받으면서 열악한 환경에서 일하는 방글라데시 의류산업 노동자들이 없었다면 불가능한 값입니다. 9,900원짜리 청바지에는 방글라데시 의류공장의 노동자 착취라는 불편한 진실이 포함돼 있습니다.

9,900원짜리 청바지 사례는 앞에서 얘기한 방글라데시 노동자들의

* <조선일보>, 2019년 4월 2일자 기사 참고.

상황이 우리와도 직접 관련돼 있음을 말해줍니다. 우리 기업들도 방글라데시에서 적은 임금을 주고 의류를 생산합니다. 2010년 12월 다카와 치타공에서 한국 기업이 운영하던 17개 의류공장에서 약 3만 6,000명이 일을 중단하고 임금 인상을 요구하며 시위를 벌였습니다. 경찰이 강경하게 진압하면서 시위대와 충돌했고 그 과정에서 3명이 사망하고 250명이 부상당했습니다. 2014년 1월에도 비슷한 일이 일어났습니다. 같은 한국 기업의 공장에서 일하던 노동자 약 5,000명이 최저임금을 올리는 대신 수당을 깎는 꼼수를 부린 회사에 항의했습니다. 노동자들의 항의를 예상하고 미리 와 있던 경찰이 실탄을 쏴 한 명이 사망했습니다. 가족을 위해 열심히 일했던 21살의 여성 노동자였습니다.

한국 기업은 방글라데시뿐만 아니라 캄보디아, 인도네시아, 베트남, 미얀마 등 여러 아시아 국가에서 의류를 생산합니다. 임금이 적게 들기 때문입니다. 그 적은 임금조차 떼어먹고 도망가는 일이 종종 벌어집니다. 2019년 3월 20일 인도네시아의 수도 자카르타에 있는 한국 대사관 앞에서 노동자 200명이 집회를 열었습니다. 이들은 임금을 체불하고 잠적한 한국인 사장을 규탄했습니다. 체불된 임금은 수십억 원에 달했습니다. 언론 인터뷰에서 한국인 사장은 잘못을 인정하면서도 "나보다 10배 이상 체불하고 달아난 사람도 많은데 내가 본보기가 됐다"고 억울해했습니다.* 노동자들에 대한 인권 침해도 심각합니다. 유엔이 한국 정부에 해외 기업의 인권 침해 방지를 위한 대책을 마련하라고 요구했을 정도입니다.

한국 기업만 의류산업 노동자들에게 적은 임금을 주는 것이 아니고 한국 브랜드만 낮은 임금 수준에 기대어 값싼 옷을 생산하는 것이 아닙니다. 그렇게 생산된 옷을 우리뿐만 아니라 전 세계 사람들이 입습니다. 그러니 방글라데시와 그 밖에 다른 나라의 형편없는 노동자 임금 문제는 전 세계의 문제입니다. 그렇지만 여전히 외면할 수 없는 우리의 문제이기도 합니다.

로힝야족 학살과 국제사회

2017년 8월 미얀마 라카인주에서 대량 학살이 벌어졌습니다. 희생자는 소수민족인 로힝야족이었습니다. 학살은 사전 계획에 따라 조직적으로 이루어졌습니다. 먼저 미얀마군과 경찰은 마을을 사방에서 포위해 로힝야족이 도망가지 못하게 했습니다. 그러고는 마을로 들어가 무차별 총격을 가하고 폭탄을 던져 닥치는 대로 죽였습니다. 일반인도 학살에 가담했습니다. 학살이 끝나면 집을 태우고 약탈했으며 집단 성폭행을 저질렀습니다. 미얀마군과 경찰은 로힝야족 무장단체가 먼

* <한국일보>, 2019년 3월 21일자 기사 참고.

저 경찰초소를 습격했다고 핑계를 댔습니다. 살아남은 사람들은 학살을 피해 며칠씩 걸어 방글라데시 국경으로 향했습니다. 하루아침에 난민이 된 로힝야족이 75만 명이 넘었습니다. 국제구호단체인 '국경없는 의사회'는 2017년 12월 로힝야족 난민 2,434가구를 조사한 결과 만 명 이상이 학살당했다고 밝혔습니다. 또 392개 마을이 불타고 파괴됐다고 했습니다.

이 소식에 전 세계가 경악했습니다. 특히 미얀마군과 경찰의 조직적인 학살은 이해하기 힘들었습니다. 그렇지만 이런 일이 로힝야족에게 처음은 아니었습니다. 2012년에도 2016년에도, 그 이전에도 미얀마군은 로힝야족을 공격하고 학살했습니다.

로힝야족은 미얀마에 사는 소수민족 중 하나입니다. 2017년 학살이 일어나기 전까지 미얀마 북서부 지역에는 백만 명이 넘는 로힝야족이 살았습니다. 주로 불교를 믿는 다수 미얀마 사람들과 달리 로힝야족은 대부분 이슬람교를 믿습니다. 또한 인도·아리안계 민족으로 미얀마의 다른 민족들과 얼굴 모습이 다릅니다. 로힝야족의 조상은 아주 오래전부터 아라칸 지역현재의 라카인주에서 살았습니다. 7~9세기부터 살기 시작했다는 말도 있습니다. 17세기부터는 노예로 잡혀와 살기도 했답니다. 로힝야족이 가장 많이 이주한 것은 영국의 식민통치 시절이었습니다. 19세기에 영국은 현재의 방글라데시에서 농업 노동자들을 대거 데려왔고 그때 로힝야족의 숫자도 크게 늘었습니다. 역사가들은 대부분의 로힝야족이 영국이 식민통치를 하던 19세기와 20세기에 이주한 것으로 보고 있습니다. 영국의 식민통치 시절 로힝야족은 미얀마의 다수 민족인 버마족과 사이가 좋지 않았습니다. 영국이 식민통치를 수월하게 하려고 로힝야족 같은 소수민족을 이용한 데다 로힝야족이 자치권을 얻기 위해 영국에 협력하면서 로힝야족과 버마족은 적대적 관계가 됐습니다. 1942년에는 영국군과 협력한 로힝야족과 일본군과 협력한 버마족이 무장 충돌해 무자비하게 서로 죽이는 비극적인 일이 벌어지기도 했습니다.

영국 식민통치 시대의 나쁜 기억이 있었지만 1948년 독립 이후 로힝야족은 거의 차별을 겪지 않고 살았습니다. 미얀마에는 다양한 소수민족이 있었고 로힝야족은 자연스럽게 그중 하나로 인정됐습니다. 로힝야족이 의회에 진출하기도 했습니다. 그러나 1962년 군사 쿠데타로 군사정권이 들어서면서 로힝야족의 운명은 바뀌었습니다. 버마민족주의를 내세운 군사정권은 이민자들과 소수 종교를 차별하기 시작했습니다. 1974년 본격적인 차별정책을 실시했고 로힝야족에게 주민등록증 대신 외국인등록증을 발급했습니다. 1982년에는 새로운 시민법을 만들고 로힝야족을 국가가 인정하는 135개 소수민족에서 제외했습니다.* 로힝야족은 하루아침에 '국적 없는 민족'이 됐고 아무런 보호를 받

* Haradhan Mohajan, "History of Rakhine State and the Origin of the Rohingya Muslims", MPRA Paper No. 88186, 28 July 2018, p. 6.

지 못했습니다. 아니, 오히려 차별과 핍박의 대상이 됐습니다. 미얀마 정부는 로힝야족을 미얀마인으로 인정하지 않으며 방글라데시에서 온 이민자라는 의미로 '벵갈리'라고 부릅니다. 유엔은 2013년 로힝야족을 전 세계에서 가장 핍박받는 소수민족 중 하나라고 밝혔습니다.

유엔은 2018년 8월 27일 로힝야족 학살 조사 결과를 발표하고 9월에 조사보고서를 공개했습니다. 미얀마 정부의 허락이 없어 현장에 들어가지 못했지만 로힝야족 875명을 심층 인터뷰했고 위성사진으로 현장을 확인했습니다. 유엔은 보고서에서 미얀마군이 조직적으로 로힝야족을 겨냥하여 남녀노소 가리지 않고 학살했다고 밝혔습니다. 또 성폭행을 저지르고 방화와 약탈을 일삼는 군인들을 눈감아주었다고 했습니다. 유엔은 라카인주뿐만 아니라 카친주와 샨주에서 반복적으로 이루어진 로힝야족 인권 침해와 학살을 반드시 처벌해야 한다고 했습니다. 특히 2017년 8월 라카인주에서 일어난 학살의 경우 군 장성들을 조사하고 제노사이드genocide, 즉 특정 민족에 대한 대량 학살 범죄로 기소해야 한다고 했습니다. 보고서는 특히 학살의 이유로 미얀마 사회에 퍼진 증오 캠페인hate campaign을 언급했습니다. 문서와 출판물, 사회관계망서비스, 시청각 자료 등을 통해 로힝야족과 무슬림에 대한 부정적 시각이 확산됐고 광범위한 증오 캠페인이 벌어졌다고 했습니다. 이 캠페인은 민족주의적 정당과 정치인들, 지도층의 승려들, 학자들, 사회유명인사, 정부 관료들에 의해 치밀하게 이루어졌습니다. 이들은 로힝야족을 미얀마와 불교를 위협하는 존재로 간주하고 '불법 벵갈 이주자'로 낙인찍었습니다. 이처럼 조직적이고 광범위한 증오 캠페인을 통해 2012년과 2013년에도 반무슬림 학살이 벌어졌고 2016년과 2017년에도 같은 일이 반복됐던 것입니다.*

미얀마 정부는 유엔의 현장조사 보고서를 전부 부인하면서 독립조사위원회를 꾸려 자체적으로 조사하겠다고 했습니다. 미얀마가 조사 보고서를 부인한 이유 중 하나는 유엔이 로힝야족 학살을 제노사이드로 보았기 때문입니다. 제노사이드는 국제형사재판소에서 다루어질 수 있는 범죄입니다. 오래전부터 국제인권단체들과 학자들은 로힝야족 학살을 제노사이드로 규정했는데 유엔이 공식적으로 확인한 것입니다.

특정 민족에 대한 극심한 차별과 핍박의 결과 인종청소ethnic cleansing나 제노사이드가 벌어집니다. 둘 다 힘없는 민족이나 인종, 집단을 공격하고 그들이 살던 곳에서 강제로 몰아내는 것으로 주로 협박과 학살, 강간 등의 물리적 폭력이 동원됩니다. 인종청소는 서로 다른 두 집단이 생존과 이익을 위해 다투고 충돌하면서 벌어집니다. 그러나 제노사이드는 특정 민족이나 부족, 인종의 존재 자체를 부인하고 증오해서 아예 전멸시키려고 합니다. 물리적 힘과 학살, 강간, 모함, 왜곡 정보 전파 등

* UN Human Rights Council, 17 September 2018, "Report of the detailed findings of the Independent International Fact-Finding Mission on Myanmar", p. 177.

모든 수단이 동원됩니다. 국제사회는 미얀마군과 정치, 종교, 사회 등 모든 방면에서 계획적이고 지속적으로 이루어진 로힝야족 핍박과 공격, 학살도 제노사이드로 보고 있습니다.

로힝야족 학살에 경악한 국제사회는 미얀마군과 정부를 강하게 비난했습니다. 비난의 화살은 수십 년 동안 집권했던 군사정부를 쫓아내고 정권 교체를 이룬 아웅산 수치에게도 향했습니다. 미얀마 민주화운동의 상징으로 여겨지는 그녀는 1991년 노벨평화상을 받았습니다. 그러나 국제결혼을 한 데다 외국 국적을 가진 아들들 때문에 헌법상 대통령을 맡을 수 없어 국가자문역과 외무장관 등을 맡고 있습니다. 하지만 실제로는 대통령까지 좌지우지하는 최고 권력자입니다. 그녀는 로힝야족의 존재 자체와 미얀마군의 학살 사실을 부인했습니다. 분노한 세계시민들이 노벨평화상을 박탈해야 한다고 주장했습니다. 캐나다는 그녀의 명예시민권을 박탈했고, 영국 옥스퍼드시와 아일랜드 더블린시도 명예시민 자격을 박탈했습니다. 민주화운동과 인권운동의 상징이 수치스러운 상징으로 변했습니다. 전 세계의 비난 속에서도 미얀마 정부는 여전히 학살을 부인하고 국제기관과 단체의 현장조사를 막고 있습니다.

국제사회의 비난이 쏟아지고 국제 투자자들이 미얀마 투자를 꺼리게 되자 2018년 말 미얀마 정부는 방글라데시에 있는 로힝야족 난민을 귀환시키겠다고 했습니다. 그렇다고 안전을 보장하는 것도 아니고 살

곳을 마련해주는 것도 아닙니다. 로힝야족 난민들과 국제사회는 불가능하다고 했습니다. 유엔 보고서는 위성사진을 통해 392개의 로힝야족 마을이 완전히 사라진 것을 확인했습니다. 로힝야족이 살았던 마을에는 다른 민족이 자리 잡았습니다.

국제사회의 비난 속에서도 미얀마의 입장은 변하지 않았고 로힝야족의 상황도 변하지 않았습니다. 유엔은 미얀마에 남아 있는 25만~40만 명 정도의 로힝야족이 여전히 핍박을 받으며 학살의 위험에 놓여 있다고 밝혔습니다. 2019년 4월에도 미얀마군의 헬기 사격으로 대나무를 채취하던 로힝야족 약 30명이 죽임을 당했습니다. 난민 신세가 된 사람들은 방글라데시에서 힘겹게 하루하루를 지내고 있습니다.

우리 사회도 로힝야족 학살에 경악했습니다. 시민단체들이 모금을 했고 인권단체들은 성명을 내고 학살 상황을 조사했습니다. 그러나 적극적으로 관심을 보인 사람은 극소수였습니다. 특히 우리 정부는 다른 나라들이 미얀마군과 정부를 공개적으로 비난하고 압박하는 상황에서 침묵으로 일관했습니다. 주미얀마 한국 대사는 2019년 2월 라카인주의 투자박람회에 참석해 기업들의 투자를 독려했습니다. 우리 정부는 유엔의 조사보고서를 부인하면서 독립조사위원회를 꾸려 자체적으로 조사하겠다고 한 미얀마 정부를 지지했습니다.* 그것은 미얀마 정부의

* <한국NGO신문>, 2019년 3월 27일자 기사 참고.

학살 부인을 지지하는 것과 같습니다.

로힝야족 학살은 우리 사회와 관계가 없는 것처럼 보입니다. 우리가 인도적으로 관심을 가질 수는 있더라도 말입니다. 그러나 우리나라의 많은 기업이 미얀마에서 사업을 하고 있습니다. 또 정부와 여러 공공기관이 미얀마와의 경제협력을 강화하고 있습니다. 물론 다른 나라와 정치적, 경제적으로 협력하는 것은 당연한 일입니다. 그러나 우리 이익을 위해 인도적 범죄를 외면하고 면죄부를 주어서는 안 됩니다. 다른 나라가 문제를 제기하지 않으면 같은 일이 반복될 수 있으니까요. 미얀마 정부가 학살의 책임을 인정하지 않고 미얀마군이 여전히 로힝야족을 학살하는 것은 국제사회의 압력이 충분치 않다는 증거이고 우리도 힘을 보태야 하는 상황임을 말해줍니다.

팔레스타인의 고통과 국제사회의 책임

2018년 3월 30일 팔레스타인 가자지구에서는 위대한 귀향 행진Great March of Return이 시작됐습니다. 팔레스타인 사람들은 이스라엘군이 막아선 장벽으로 행진했습니다. 이스라엘군은 무차별 공격으로 대응했습니다. 고무탄과 최루탄을 발사하고 저격수가 실탄을 쏘기도 했습니다. 사망자와 부상자가 속출했습니다. 총탄은 청소년과 여성, 기자와 의료

봉사자도 가리지 않았습니다. 분노한 사람들은 매주 금요일에 모여 시위를 이어갔습니다. 꼬박 1년이 지난 2019년 3월 31일에도 시위는 계속됐습니다. 이날도 10대 청소년 3명을 포함해 4명이 사망하고 300명 넘게 부상을 입었습니다. 1년 동안 매주 금요일에 벌어진 시위에서 이스라엘군의 총격으로 어린이 50명을 포함해 266명이 사망했습니다. 실탄과 고무탄을 맞은 부상자는 30,398명이었습니다. 중상을 입은 사람도 많았고 팔과 다리가 잘려 불구가 된 사람도 136명이나 됐습니다. 유엔은 이스라엘군의 폭력 대응을 전쟁범죄라고 했습니다.

매주 금요일 시위에 참가한 팔레스타인 사람들은 이스라엘군의 공격으로 전쟁터를 경험했습니다. 그들의 대응은 고작해야 돌팔매질을 하거나 이스라엘군의 시야를 막기 위해 폐타이어를 태우는 정도였습니다. 얼마나 절박하기에 생명의 위험을 무릅쓰면서 매주 시위를 벌였을까요?

가자지구의 팔레스타인 사람들이 요구한 것은 두 가지였습니다. 하나는 고향으로 돌아가게 해달라는 것이었습니다. 1948년 이스라엘은 팔레스타인 땅에 국가를 세우면서 팔레스타인 사람들을 내쫓고 팔레스타인 마을을 500개 이상 파괴했습니다. 이때 팔레스타인 사람 75만 명은 난민이 됐습니다. 이것을 나크바Nakba, 즉 대재앙이라 부릅니다. 위대한 귀향 행진은 이때 쫓겨난 고향으로 돌아가게 해달라는 것이었습니다. 가자지구에는 인구의 70%인 약 130만 명이 넘는 난민이, 팔레스타인의 또 다른 땅인 웨스트뱅크에는 약 100만 명의 난민이 있습니다. 후손들까지 난민이 됐으니 숫자가 늘어난 것이지요. 이들은 70년 이상 빼앗긴 고향을 그리며 난민으로 살아갑니다.

다른 하나는 2006년부터 지금까지 이어지는 가자지구 봉쇄를 풀어달라는 것이었습니다. 팔레스타인 국가 수립을 목표로 무장투쟁을 하는 하마스가 팔레스타인 의회선거에서 승리하여 가자지구를 통치하게 되자 이스라엘은 하마스를 인정하지 않고 가자지구를 완전히 봉쇄했습니다. 그 후 지금까지 가자지구 사람들은 완전히 고립된 채 국제사회의 도움에 기대어 살아가고 있습니다. 고립된 가자지구는 깨끗한 식수와 전기조차 턱없이 부족하고 봉쇄 때문에 큰 병원에 가지 못해 사람이 죽어가는 곳이 됐습니다.

팔레스타인 사람들은 핍박과 억압으로 세계에서 가장 고통받는 민족 중 하나입니다. 억압과 고통은 1948년 이스라엘이 팔레스타인 땅을 빼앗아 국가를 세우면서 시작됐습니다. 19세기 말까지 팔레스타인 땅에는 인구의 약 3% 정도의 유대인이 살았습니다. 그런데 동유럽의 유대인이 유대인 국가를 세우려고 팔레스타인 땅을 사들인 뒤 유대인 마을을 만들기 시작했습니다. 1930년대에 유대인은 인구의 거의 30%가 됐고 계속 늘어났습니다. 나치의 유대인 학살을 피해 온 사람들도 있었습니다.* 2차 세계대전이 끝나고 유엔은 유대인 국가 수립을 논의했습니다. 그런데 그곳에서 대대로 살아온 팔레스타인 사람들의 권리와 의견을 무시하고 유대인의 손을 들어주었습니다.

유엔은 1947년 분리계획에서 유대인 마을을 모두 인정했고 이스라엘은 미국과 영국 등 서구 열강의 지지에 힘입어 1948년 국가를 선포했습니다. 아랍 국가들이 이스라엘 수립을 막으려고 전쟁을 일으켰지만 패했습니다. 그리하여 이스라엘은 팔레스타인 땅의 78%를 차지하게 됐습니다. 나머지 22%인 가자지구와 웨스트뱅크는 가운데 자리 잡은 이스라엘 때문에 동서로 완전히 분리됐습니다. 그리고 가자지구는 이집트가, 웨스트뱅크와 동예루살렘은 요르단이 통치하게 됐습니다. 팔레스타인 사람들은 억울하게 땅을 뺏기고 떠도는 신세가 됐습니다. 1967년 이스라엘과 아랍 국가들 사이에 다시 전쟁이 일어났습니다. 이때 승리한 이스라엘은 가자지구와 웨스트뱅크를 빼앗아 이스라엘군 통치 아래 두었습니다. 팔레스타인 땅이지만 다양한 종교의 성지이기 때문에 국제사회가 국제관할특별구역으로 두었던 동예루살렘도 국제법을 무시하고 이스라엘에 합병했습니다. 이때부터 팔레스타인은 이스라엘의 군사통치 아래에서 극심한 억압과 차별로 고통받게 됐습니다.

팔레스타인은 이스라엘의 점령을 끝내고 국가를 수립하기 위해 투쟁하고 있습니다. 1988년 12월 유엔은 팔레스타인의 독립선언을 공식

* Al Jazeera, 2017년 11월 21일자 기사 참고.

적으로 인정했습니다. 이는 팔레스타인 국가 수립을 국제사회가 지지한다는 것을 의미했습니다. 2018년 8월 유엔에서는 회원국의 71%인 137개 국가가 팔레스타인을 국가로 인정했습니다. 국가 인정을 거부한 나라들도 사실상 팔레스타인 자치정부를 인정합니다. 이스라엘은 팔레스타인 국가 수립을 거부합니다. 팔레스타인 땅을 몽땅 차지하여 팔레스타인을 아예 없애려는 의도를 가지고 있기 때문입니다. 이를 위해 이스라엘은 다양한 방법으로 팔레스타인 사람들을 억압하고 차별하고 핍박을 가합니다.

세계 역사상 많은 나라가 다른 나라를 식민지로 삼고 혹독하게 통치했습니다. 그런 역사는 20세기 중반에 끝이 났습니다. 이스라엘은 21세기에 팔레스타인을 식민지처럼 통치하며 억압합니다. 그것도 일찍이 본 적 없는 가장 비인도적이고 반인권적인 방식으로 말입니다.

이스라엘의 억압과 인권탄압을 보여주는 첫 번째 사례는 분리장벽입니다. 이스라엘은 2002년부터 팔레스타인 사람들의 출입을 통제하고 팔레스타인 마을들을 서로 떼어놓으려고 웨스트뱅크에 분리장벽을 세웠습니다. 튼튼한 콘크리트 장벽의 높이는 8미터나 되고 위에는 감시카메라가 설치돼 있습니다. 700킬로미터가 넘는 분리장벽이 곳곳의 팔레스타인 마을을 둘러싸고 있습니다. 이스라엘은 장벽을 세우려고 팔레스타인 사람들의 땅도 빼앗았습니다.

억압과 인권탄압의 두 번째 사례는 검문소입니다. 이스라엘은 웨스트뱅크 곳곳에 검문소를 설치해 팔레스타인 사람들의 자유로운 이동을 방해합니다. 일터에 갈 때, 학교에 갈 때, 자기 밭에 갈 때도 검문소를 거쳐야 합니다. 이스라엘로 들어가는 곳에 세워진 검문소는 최악입니다. 수천 명의 팔레스타인 노동자는 비가 오나 바람이 부나 매일 새벽이면 비좁고 더러운 통로에 서서 몇 시간씩 기다려야 합니다. 웨스트뱅크에는 군인들이 감시하는 검문소가 90개가 넘습니다. 필요에 따라 수시로 들어섰다가 없어지는 검문소도 수백 개가 있습니다. 검문소에서는 걸핏하면 이스라엘군이 팔레스타인 사람들에게 모욕을 주고 항의라도 할라치면 구타하기 일쑤입니다. 분리장벽과 검문소 때문에 팔레스타인 사람들은 '지붕 없는 감옥'에서 살아갑니다.

세 번째 사례는 정착촌입니다. 이스라엘은 1967년 팔레스타인을 점령한 이후 팔레스타인 안에 계속하여 유대인 정착촌을 만들고 있습니다. 유대인은 정부의 경제적 지원을 받아 정착촌에 살거나, 팔레스타인 땅은 모두 자기들 조상의 땅이라며 막무가내로 집을 짓고 살기도 합니다. 팔레스타인에 거주하는 유대인 정착민은 75만 명 정도로 이스라엘 인구의 11%가 넘습니다. 정착촌은 팔레스타인 땅의 42%를 차지합니다. 이스라엘은 정착촌을 이스라엘에 합병하겠다고 합니다. 나머지 팔레스타인 땅까지 빼앗으려는 것입니다.

네 번째 사례는 팔레스타인 주택의 강제 철거입니다. 이스라엘은 1967년 이후 팔레스타인 주택과 시설을 5만 채 이상 파괴했습니다. 유대인 주택이나 정착촌이 들어서면 이스라엘군은 안전을 이유로 주변의 팔레스타인 주택을 강제로 철거합니다. 팔레스타인 사람이 이스라엘군이나 정착민과 다투기라도 하면 집단 징벌로 그 사람이 속한 마을의 주택을 모조리 파괴하기도 합니다. 허가받지 않은 불법 주택이라면서 철거하기도 합니다. 이스라엘이 팔레스타인 사람들에게 주택 건설 허가를 내주지 않아 생기는 일입니다. 그래도 살아야 하니 집을 지었다가 터무니없는 벌금 때문에 스스로 부수는 사람들도 있습니다. 팔레스타인을 지원하는 국제단체들이 세운 학교나 병원도 허가 없이 지었다는 이유로 부숴버립니다. 애초 허가를 받을 수 없는 상황인데 말이지요.

분리장벽, 검문소, 정착촌, 주택 철거 등은 두말할 나위 없는 인권침해이고 국제법을 어기는 행위이지만 이스라엘은 아랑곳하지 않습니다. 세계 곳곳에서 유대인이 로비를 하는 데다 미국이 이스라엘을 지지하고 지원하기 때문입니다. 이스라엘은 그 힘을 이용해 힘없는 팔레스타인 사람들을 억압하고 차별하고 핍박합니다. 국제사회가 이스라엘의 국제법 위반에 단호하게 대응하지 않는 것도 문제입니다. 말로는 이스라엘을 비난하지만 이스라엘이 수립되면서 생긴 근본적인 문제들과 팔레스타인 사람들을 공격하는 행위를 외면하는 이중적인 태도를 보입니다. 결과적으로 약자인 팔레스타인 사람들만 고통받습니다.

팔레스타인 문제는 그들 스스로 해결할 수 없는 일입니다. 유엔의 잘못된 결정으로 억압과 고통이 시작됐기 때문입니다. 이스라엘이 국제법을 무시하는 것은 국제사회의 묵인과 무관심, 다른 한편으로 승인이 있기 때문입니다. 나아가 이스라엘의 말만 듣고 팔레스타인 사람들을 테러리스트로 취급하고 이스라엘의 악행에는 눈을 감는 세계인이 있기 때문입니다. 팔레스타인 사람들은 세계인의 충분한 관심과 지지를 얻지 못한 채 오늘도 고통받으며 살아갑니다.

우리나라는 팔레스타인과 관련이 없는 것처럼 보입니다. 그런데 팔레스타인에 가면 중요한 사실을 확인할 수 있습니다. 우리나라 기업이 만드는 포클레인이 팔레스타인 주택을 강제 철거하는 데 사용됩니다. 세계 시민단체들은 포클레인을 수출하지 말라고 요구하지만 한국 기업은 귓등으로 흘립니다. 이스라엘에 성지순례를 가는 사람도 많습니다. 그들이 방문하는 동예루살렘, 베들레헴, 여리고, 헤브론 등은 모두 팔레스타인 땅인데 이스라엘 땅으로 알고 갑니다. 이스라엘 쪽의 말만 듣고 팔레스타인이 걸핏하면 테러를 저지르고 공격한다고 믿습니다. 팔레스타인의 공격은 억압과 핍박을 견디지 못해 어쩌다 생기는 개인적인 일이고, 이스라엘은 국가와 군이 나서서 조직적이고 계획적으로 팔레스타인을 압박하는데도 말이지요. 이스라엘은 팔레스타인 성지순례를 독점해 막대한 수입을 올립니다. 관광산업은 이스라엘에 거대한 수입을 안겨주는 핵심 산업 중 하나입니다. 제대로 알지 못한 채 무조건 이스라엘 편만 들면서 성지순례를 하는 사람들 덕분입니다. 성지순례를 하는 사람들에게 팔레스타인 사람들은 그곳에 존재하지만 없는 사람처럼 여겨집니다.

세계시민으로 살기

방글라데시 의류공장 노동자들의 낮은 임금 수준과 열악한 노동환경, 로힝야족 학살과 살아남은 사람들의 불안한 삶, 팔레스타인에 대한 이스라엘의 억압과 인권탄압은 문제가 아주 복잡합니다. 이 문제들을 다 이해하기도 힘듭니다. 그러니까 그냥 외면하고 포기하면 될까요? 내용을 이해하는 사람들만 관심을 가지면 될까요? 그럴 수는 없습니다. 오로지 힘이 없다는 이유로 부당한 대우를 받는 많은 사람의 삶과 목숨이 걸린 문제입니다. 또 각각의 문제는 전 세계와 연결돼 있습니다. 방글라데시 의류공장 노동자들이 직면한 문제는 그들이 만든 옷을 소비하는 전 세계인의 문제이기도 합니다. 로힝야족 학살과 계속되는 핍박은 학살을 부인하는 미얀마 정부의 문제를 못 본 체하는 다른 나라 정부들과 기업들, 그로써 이익을 얻는 세계인과 관련돼 있습니다. 팔레스타인 사람들이 겪는 고통도 이스라엘의 억압과 인권탄압을 외면하거나 아예 관심을 두지 않고 이스라엘 편만 드는 세계인으로 인해 오늘도 계속됩니다. 모든 문제는 세계시민이 얼마나 관심을 가지고 노력하느냐에 따라 달라질 수 있습니다. 당장 완벽하게 해결하지 못해도 그들의 삶이 지금보다는 나아질 수 있습니다.

라나플라자 화재로 방글라데시 의류공장의 터무니없는 임금과 열악한 노동환경이 알려지자 전 세계 사람들이 맨 먼저 생각한 것은 불매운동이었습니다. 나쁜 기업에 가장 빨리 타격을 줄 수 있는 방법이니까요. 하지만 큰 효과를 기대하기 힘든 일이었습니다. 방글라데시 의류산업의 규모는 세계 2위이고 전 세계 회사들이 그곳에서 생산된 의류를 팔고 있으니까요. 무엇보다 방글라데시 의류공장에서 일하는 노동자가 너무 많았습니다. 그래서 세계시민과 국제단체들은 다방면으로 문제를 제기하기로 했습니다. 소비자들에게는 생산지의 상황을 알리면서 노동자 착취를 외면하는 브랜드의 옷을 사지 않는 윤리적 소비를 하도록 독려했습니다. 세계 유명 의류 브랜드에는 노동자를 착취해 의류를 생산하는 공장과 거래하지 말라고 요구했습니다. 방글라데시 정부에도 노동환경을 개선하고 임금을 인상하도록 압력을 넣었습니다. 덕분에 만족할 수준은 아니지만 임금이 인상됐고 노동자들의 상황도 조금은 나아졌습니다. 특히 시민단체의 노력으로 전 세계 200개가 넘는 의류 브랜드와 방글라데시 노동조합들이 법적 효력이 있는 '방글라데시 화재 및 건물안전 협약'에 서명했습니다. 협약에 따라 공장은 안전점검을 받고 안전시설을 개선해야 할 의무를 지게 되었으며 어길 경우 국제 브랜드들과 사업을 할 수 없습니다. 국제 브랜드들은 자사의 옷을 생산하는 공장이 안전시설을 갖추도록 재정을 지원했습니다. 그 결과 처음으로 의류공장들에 대한 안전검사가 실시됐고 화재 비상구도 설치됐습니다.* 노동자들은 예전보다 안전해졌습니다. 물론 문제가 완전히 해결된 것은 아닙니다. 여전히 노동자들의 임금 수준은 낮고 권리는 제대로 보장되지 않습니다. 그렇지만 세계시민과 시민단체들의 감시와 압박 덕분에 방글라데시 의류산업 노동자들의 열악한 상황이 전 세계에 알려졌고 조금씩 개선되고 있습니다.

로힝야족 학살 문제에 대해서도 전 세계가 함께 대응했습니다. 방글라데시는 하루아침에 집과 가족을 잃은 난민들을 받아들였고 전 세계 구호단체들이 그들을 보살폈습니다. 세계시민은 미얀마 정부에 학살의 책임을 물었고 인권단체들은 난민들을 찾아 학살 상황을 조사했습니다. 유엔도 미얀마 정부의 반대와 현장조사 거부에 아랑곳하지 않고 2017년 이전의 학살까지 조사해 두꺼운 보고서를 펴냈습니다. 유럽연합과 미국은 미얀마에 경제 제재를 가했고 미얀마에 대한 국제 투자와 관광이 크게 줄었습니다. 특히 미얀마 관광객 중 가장 많은 수를 차지하는 유럽 관광객은 이전보다 반이나 줄었습니다. 전 세계의 시민, 단체, 기관, 정부 등은 미얀마에 다양한 방식으로 압력을 가했고 국제형사재판소는 미얀마 정부를 로힝야족 학살 혐의로 기소하기 위한 조사

* *Fashionista*, 2018년 4월 12일자 기사 참고.

를 시작했습니다. 이런 모든 행동은 다시는 같은 일이 미얀마에서, 그리고 세계 어느 곳에서도 반복되지 않게 하려는 것입니다. 세계인 모두가 안전하고 평화롭게 살 수 있게 하려는 노력입니다.

이스라엘의 억압과 인권탄압에 시달리는 팔레스타인 사람들의 상황을 알리기 위해, 그리고 팔레스타인의 고통을 끝내게 하려고 전 세계에서 다양한 노력이 이루어지고 있습니다. 성지순례를 하는 사람들 가운데는 이스라엘 관광업체가 아니라 팔레스타인 관광업체를 이용해 대안 순례를 하는 사람들이 있습니다. 그들은 팔레스타인 사람들을 만나고 그들의 얘기를 들으며 예수 시대의 역사만이 아니라 20세기와 현재의 역사를 이해하려고 노력합니다. 팔레스타인의 고통에 공감하는 세계시민은 이스라엘에 압박을 가하기 위해 BDS 캠페인을 벌입니다. 팔레스타인 인권탄압에 관련된 이스라엘과 세계 기업들의 상품, 이스라엘의 스포츠, 문화, 학술 기관들을 거부boycott하고, 그들에 대한 투자를 철회divestment하도록 세계의 은행, 연금기금, 교회 등을 설득하며, 국제사회의 인도적 책임을 저버리고 국제법을 어긴 이스라엘에 무기 수출, 경제, 국제협력 등과 관련해 제재sanctions를 가하도록 각국 정부에 요구하는 캠페인입니다. BDS 캠페인은 널리 알려졌습니다. 세계의 많은 개인, 기업, 교회, 단체가 여기에 참여하고 있습니다. 특히 2019년 1월 아일랜드 의회는 웨스트뱅크의 유대인 정착촌에서 생산되는 모든 상품과 서비스의 구매를 금지하기로 결정했습니다. 2018년 11월 숙박공유

서비스를 제공하는 세계적 회사인 에어비앤비airbnb는 웨스트뱅크에 있는 이스라엘 정착촌 주택들을 숙박명단에서 제외하기로 결정했습니다. BDS 캠페인에 동참하기 위해서입니다. 그러나 정착촌 유대인들의 소송 제기와 이스라엘의 압력으로 결국 2019년 4월 결정을 번복하고 말았습니다. 대신 그곳에서 얻는 이익을 모두 기부하겠다고 했습니다.* 이스라엘의 힘이 얼마나 큰지 보여주는 사례입니다. 팔레스타인 문제는 워낙 복잡한 데다 이스라엘의 국제사회 로비가 엄청난 까닭에 해결하기가 쉽지 않습니다. 그러나 '지붕 없는 감옥'에 살면서 날이면 날마다 고통을 겪는 팔레스타인 사람들과, 특히 그곳 아이들의 미래를 생각하면 포기할 수 없는 일입니다. 아울러 팔레스타인과의 충돌로 항상 불안하게 사는 이스라엘 사람들의 안전과 평화로운 삶을 위한 일이기도 합니다.

앞에서 얘기한 세 가지 사례는 공통점이 있습니다. 아주 복잡하고 만만치 않다는 것이고, 무엇보다 해당 정부의 태도와 행동을 변화시켜야 해결할 수 있는 문제라는 것입니다. 이렇게 다루기 어려운 문제임에도 전 세계적으로 다양한 활동이 이루어지고 정부와 기업에 대한 압력이 계속되는 이유는 비록 소수에 불과하지만 세계시민의 관심과 지지가 있기 때문입니다. 세계시민은 단시간에 눈에 띄는 변화를 이루거나 문

* CNN, 2019년 4월 9일 보도 참고.

세계시민은 단시간에 눈에 띄는 변화를 이루거나 문제를 완전히 해결하지 못해도 다양한 활동에 참여하며 지지를 보내고 있습니다. 누구도 약자라는 이유로 부당한 대우를 받고 피해를 입어서는 안 된다고 생각하기 때문입니다. 세계시민은 관심과 지지로 더 나쁜 상황을 사전에 막아냅니다. 동시에 세계 곳곳에서 힘이 없어서 피해를 입는 사람이 늘어나지 않도록 노력합니다.

제를 완전히 해결하지 못해도 다양한 활동에 참여하며 지지를 보내고 있습니다. 누구도 약자라는 이유로 부당한 대우를 받고 피해를 입어서는 안 된다고 생각하기 때문입니다. 세계시민은 관심과 지지로 더 나쁜 상황을 사전에 막아냅니다. 동시에 세계 곳곳에서 힘이 없어서 피해를 입는 사람이 늘어나지 않도록 노력합니다.

우리나라는 여전히 다른 나라 일에 별 관심이 없습니다. 극소수의 시민과 시민단체만이 관심을 가지고 행동합니다. 우리는 다른 나라의 일에도 관심을 가져야 할 의무와 책임이 있습니다. 두 가지 이유 때문입니다. 첫 번째는 그곳의 일이 우리와 전혀 무관하지 않습니다. 앞에서 설명한 것처럼 세계의 모든 일은 우리 삶과 직간접적으로 연결돼 있습니다. 특히 영토가 작고 자원이 별로 없는 우리나라는 다른 나라에 대한 의존도가 매우 높습니다. 다른 나라가 없으면 우리는 생존할 수 없다는 얘기입니다. 그렇지만 우리 이익만을 생각하며 정의롭지 않은 일을 외면할 수는 없습니다. 그것은 결국 우리의 도덕성과 신뢰도를 떨어뜨리는 일이고 언젠가 그에 대한 대가를 치러야 하기 때문입니다. 두 번째는 우리도 세계시민입니다. 많은 세계시민, 단체, 기관이 다른 나라의 일에 관심을 가지는 이유는 전 세계 모든 사람이 똑같이 안전하고 평화롭게 살 권리가 있기 때문입니다. 누군가의 평화로운 삶이 보장되지 않는 것은 세계의 평화가 위험하다는 것을 의미하기 때문입니다. 무엇보다 서로의 안전과 평화를 지켜주는 것이 세계시민이 해야 할 일이기 때문입니다. 세계의 많은 시민, 단체, 기관 등이 과거에도 그랬고 현재에도 한반도 문제와 평화에 관심을 가지고 지지하는 것도 같은 이유에서입니다.

우리의 평화와 세계평화는 분리해 생각할 수 없고 분리돼 있지도 않습니다. 우리의 평화는 세계평화와 연결돼 있고 세계평화는 우리의 평화로운 삶을 가능하게 합니다.